Amy Wilkinson

EMAGRECER

Editora ISIS Ltda.

Título original: *Adelgazar*
© Celestial Connection, Inc.
© 2003, by Editora ISIS Ltda.

Tradução:
Maria Lucia Acaccio

Supevisão editorial:
Gustavo L. Caballero

Capa:
Ettore Bottini

Diagramação:
Toñi F. Castellón

I.S.B.N.:
85-88886-16-2

Proibida a reprodução total ou parcial desta obra, de qualquer forma ou por qualquer meio eletrônico, mecânico, inclusive por meio de processos xerográficos, sem permissão expressa do editor (lei no 9.610 de 19.02.98)

Direitos exclusivos para a língua portuguesa reservados pela

EDITORA ISIS, LTDA.
contato@editoraisis.com.br
http://www.editoraisis.com.br

Índice

Introdução	9
Os azeites.	13
A adolescência.	13
A água	14
A dieta das alcachofras	15
O álcool	16
Alimentos que emagrecem	17
Alimentos vivos e alimentos mortos	17
Acompanhamentos	18
A papoula da Califórnia	18
Anotar	18
Os antidepressivos	19
A antidieta	19
Os aparelhos de exercício	20
O arroz	21
Dieta do arroz frango e maçãs	21
O aspartame	21
A dieta do dr. Atkins	22
A aveia	25
O jejum	25
O açúcar	26
A balança	26
Banho relaxante	27
A berinjela	27

A dieta Beverly Hills	28
Qualidade mais do que quantidade	31
Dieta das 1500 calorias	32
Risco de câncer	35
A celulite, dieta anticelulítica	35
O jantar	37
A centelha asiática	38
Os cereais do desjejum	38
Os cogumelos	39
Chiclete	39
A dieta chinesa	39
O chitosan	43
O ciclismo	44
Dieta da Clínica Mayo	44
Dieta da couve	47
A cavalinha	48
Consciência	48
Consumo diário de calorias	49
O cromo e o vanádio	49
O desjejum	50
Despir-se	51
Comer devagar	51
Dias alternativos	54
Escovar os dentes	54
A dieta diária	55
Dietas dissociadas	56
A efedra	56
O exercício	58
As saladas	58
Escadas	59
Ouvir o corpo	59
O espinho alvar	59
A espirulina	60
A estévia	60
Esticar os alimentos que engordam	61
A estrutura óssea	62
Os fatores emotivos e psicológicos	62
Os fatores socioculturais	62
As fibras	63
O freixo	64
As frituras	65
As frutas e as verduras	65
A dieta da fruta	65
O fucus	66
A garcícia cambojiana	67

A gymnema silvestre 67
O glucomanano 68
A gordura 68
Eliminar gordura 68
A dieta dos grupos sangüíneos.
Alimentos que engordam e que emagrecem 69
O guaraná 77
Coma tudo o que lhe agrada 77
Fome 78
Ervas aromáticas 78
O funcho (erva doce) 78
A hipnose 79
O hissopo 79
O humor 80
Infusões emagrecedoras 80
O jogo 80
L-carnitina 80
Limão 81
A macrobiótica 82
Manteiga 82
Dieta da maçã 83
O marroio 85
A maionese 85
Ir ao médico 85
A melhor dieta 86
Chá de melão 86
O método de Montignac 87
A dieta da Nasa 88
Não beber enquanto se come 90
Use a panela de pressão 90
A urtiga 90
Paciência 91
As pipocas de milho 91
As uvas passas 91
A dieta da massa. 92
Para diminuir a barriga 94
A passiflora. 94
Os doces e bolos 95
A dieta da batata 95
Situações patológicas 96
A pavolina 96
A pectina da maçã 96
Pensar e atuar como «magro» 97
Cães 100
O peixe 101

A dieta «Peso ideal»	101
A Pimenta	102
A pilosela	102
O piruvato	103
O plantago	104
Os pratos	104
A pele de frango	104
Os refrigerantes	105
O alcaçuz	105
A rainha dos prados	105
O relaxamento	106
Os restaurantes	106
O riso	106
O sal	107
Temperos de baixas calorias	107
O farelo de cereais	107
A dieta Scarsdale	108
Dieta Scarsdale vegetariana	110
Nada depois das 6.	118
Comer sentado	119
O truque do sétimo dia	119
O xarope de seiva de bordo	120
Evitar a solidão e o aborrecimento	121
Dieta da sopa	122
Suar	123
A superdieta	124
A dieta do chá vermelho	125
Assistir menos televisão	127
Não ver televisão durante as refeições	128
Recipientes de teflon	128
Aproveitar-se da termo gênese	129
Dieta ou cura das uvas	130
Variedade	131
Vinagre de cidra	131
A visualização	131
Dieta do bem estar	132
Dietas	137
Sustancias	138
Fibras	138
Plantas	138
Qué evitar	139
Trucos y consejos para la cocina	140
Na mesa	140
Outros truques e estrategias	140
Varios	141

Introdução

«Os alimentos que agradam
demasiadamente o paladar
e que nos fazem comer mais
do que o necessário, são
venenos em vez de
alimentos.»
                Fenelon.

Há alguns anos, um especialista em programação neurolingüística decidiu investigar sobre os programas americanos de emagrecimento ou perda de peso. Nos Estados Unidos, este tipo de programa é um negócio monstruoso que move a cada ano milhares de milhões de dólares. E o curioso é que muitas das dietas e muitos dos programas são radicalmente diferentes uns dos outros. De fato, alguns são totalmente opostos entre si. Dizem: «*Pode comer tudo o que quiser, contanto que faça exercícios físicos*», enquanto outros asseguram: «*Não importa o tipo nem a quantidade de exercícios que faça, pois basicamente se trata de um problema nutritivo.*» Para alguns, o inimigo e a causa de todos os males da humanidade são os hidratos de carbono, enquanto outros consideram que o nocivo é a proteína e a gordura. Alguns

lhe permitem comer quase qualquer coisa, controlando unicamente a hora em que se toma o alimento, enquanto outros se baseiam totalmente na ingestão de fármacos ou complementos nutritivos.

O mais surpreendente, porém, é que, em alguns casos, todos eles funcionam. Quer dizer, todos resultam efetivos para algumas pessoas. Por tal razão, este investigador, em vez de dedicar-se a analisar os diferentes programas, concentrou-se nas pessoas: O que ocorre nestes casos? Por que tiveram êxito?

Deste modo descobriu que todas aquelas pessoas que haviam logrado emagrecer sem recuperar em alguns meses ou anos o peso anterior tinham duas características em comum, independentemente de qual fora o plano de emagrecimento ou a dieta que seguiram.

A primeira de ditas categorias é que o início da dieta esteve acompanhado por outra mudança importante em suas vidas, quer se tratasse de uma mudança no trabalho, em suas relações ou no seu ambiente. Quer dizer que a dieta iniciou-se justo no momento em que outra mudança relevante ocorria na vida da pessoa: talvez se tivesse mudado de casa, de cidade, de parceiro, de trabalho ou para um ambiente melhor.

A segunda coisa que todos eles manifestaram foi algo como: «*Desta vez, realmente, estava preparado para mudar.*» Quer dizer, estavam preparados, estavam prontos para emagrecer. Parece que esta qualidade de estar pronto é extraordinariamente importante.

Há um chiste que pergunta quantos psicanalistas são necessários para trocar uma lâmpada. Apenas um, mas se necessita muito tempo, é um processo caro e, além do mais, a lâmpada deve estar preparada e pronta para ser trocada.

Assim, a pergunta importante seria: «*Você está realmente pronto para emagrecer?*» Nos Alcoólicos Anônimos, geralmente se considera que falar com um alcoólico que não chegou ao fundo é perder tempo. Apenas quando realmente a pessoa chega ao fundo, estará disposta a ouvir e, sobretudo, a agir para resolver seu problema.

Se o que quer é perder três ou quatro quilos, para ir a praia ou para vestir de novo aquela roupa que já não lhe fica bem, sua situação já não é tão drástica. Não obstante, nos casos em que a obesidade deve ser considerada como uma enfermidade preocupante, esta tomada de consciência é imprescindível. Sem ela tudo se reduzirá a uma perda de tempo e dinheiro.

Mas qualquer que seja o seu caso, os seguintes conselhos e estratégias (que, para facilitar sua localização, foram ordenados em ordem alfabética) será um importante acervo de possibilidades para que você escolha o que for mais adequado às suas circunstâncias. Trata-se de perder estes quilos que você quer tirar de cima pela forma mais natural, mais fácil e mais saudável possível.

Os azeites.

Procure usar pouco azeite. Lembre que, inclusive, os mais saudáveis, como o de oliva, são gordura pura.

A adolescência.

Os adolescentes costumam ser consumidores de alimentos com elevados conteúdos calóricos e muito pobres em nutrientes (hambúrgueres, doces, refrigerantes, guloseimas etc.). Muitas vezes esta situação é gerada pelo bombardeio publicitário contínuo e pode desequilibrar o regime alimentar, contribuindo para o excesso de peso. A solução é ensinar às crianças o quão prejudicial pode ser para a sua saúde e para sua figura o consumo excessivo destes produtos e acostumá-las, desde pequenas, a consumir vegetais e frutas, preparando-lhes pratos variados e com muita criatividade. É necessário, apesar

 EMAGRECER

de tudo, ser realista: atualmente é quase impossível mantê-los afastados dos alimentos *«lixo»*; não obstante, se podemos conscientizá-los dos seus perigos, devemos também estar muito atentos aos fatores psicológicos ou emocionais que, durante a adolescência, podem influenciar muito negativamente na sua alimentação.

A água

A água é uma parte importante de qualquer programa de redução de peso, sendo muito necessária tanto para eliminar a gordura como para conseguir manter a saúde geral do organismo. A água ajuda-nos – entre outras coisas – das seguintes maneiras:

- Reduz o apetite.
- Ajuda a eliminar as toxinas e os produtos de dejeto.
- É uma ajuda contra resfriados.
- Ajuda a manter o tônus muscular.
- Reduz o acúmulo de sódio.
- Ajuda a queimar a gordura acumulada.
- Quando os rins não recebem água suficiente, o fígado funciona mal e não pode realizar bem seu trabalho de metabolizar a gordura.
- Evita o acumulo de gorduras no organismo.
- Faz com que se deposite menos gordura no corpo.
- Alivia os problemas de retenção de líquidos. Se não proporcionamos ao corpo a água de que necessita, grande será o esforço para reter a pouca que lhe chega.

Para superar-se o desejo descontrolado de ingerir alimentos, pequenos goles de água produzem grande efeito. E mais: às vezes pensamos que estamos com fome, e o que realmente temos é sede. A grande maioria das pessoas sabe que devemos tomar entre seis e oito copos de água ao dia, mas poucos são conscientes de que a quantidade não é tão importante como à freqüência com que se toma. Segundo um estudo realizado no Hospital Deacones de Boston, uns 100ml de água por vez (um quarto de copo) é suficiente para acalmar a fome descontrolada. Lembre-se de que o que se pretende é acalmar a sede e o desejo de tomar alimentos, não excitando as papilas gustativas; por isso se deve tomar sempre água e não chá, café ou sucos, nem qualquer outra bebida. Independentemente, deve-se tomar um copo inteiro antes de cada refeição. Conservar sempre próxima uma garrafa (do tipo desportivo) com água. Quando sentir a necessidade de ter algo na boca, tome um gole de água. Este truque é especialmente válido para aqueles que trabalham diante de um computador.

A dieta das alcachofras

Trata-se de aproveitar ao máximo os benefícios das alcachofras, já que têm um poder diurético muito importante, além de possuir um bom acúmulo de vitaminas e de nutrientes. Por não conter amido, são muito recomendáveis para pessoas com diabetes. Esta dieta promete uma perda de três quilos em três dias, pois suas calorias são mínimas, mas não deve ser realizada por mais de três dias seguidos. O conteúdo calórico das

alcachofras é de aproximadamente 46 unidades para cada 100 gramas de verdura fresca.

Devem ser tomados como único alimento cinco brotos de alcachofras ao dia, quer sejam cozidas, assadas na chapa ou expostas ao vapor; também pode se tomar um suco de alcachofra em todas as refeições. É importante beber bastante água e temperar a verdura com azeite de oliva.

Outro modo de comer alcachofras é em forma de sopa, que se preparam com duas cenouras, uma cebola grande, dois cravos, três dentes de alho, um ramo de aipo e um pedaço de abóbora - tudo cortado - e posto a ferver em água mineral entre 15 e 20 minutos; em seguida é passada no liquidificador e está pronta para ser tomada.

O álcool

As bebidas escondem uma quantidade de calorias nunca imaginada. Três doses de *uísque* equivalem a uma boa refeição, no que se refere ao seu aporte calórico. A «barriga de cerveja» é clássica. O álcool é um produto com muita caloria e não alimenta, apenas engorda. É melhor consumir pouco álcool e preferir a sidra, ou champanhe seco e os vinhos e cervejas leves. Lembre-se que quanto mais doces ou de maior teor alcoólico sejam as bebidas, mais calorias terão.

Alimentos que emagrecem

Há alimentos cujo processo de digestão consome mais calorias do que as que eles mesmos trazem. Outros fazem perder peso simplesmente por suas qualidades diuréticas. Entre os alimentos que sempre são considerados como emagrecedores estão os ovos cozidos, o café preto (sem açúcar), o chá, a salsa, a toranja, as ameixas, o abacaxi e as maçãs assadas. Recentemente, as descobertas do Dr. D'Adamo sobre os grupos sangüíneos (publicado no livro *A Resposta está no Sangue*) revelaram que certos alimentos emagrecem as pessoas com um tipo de sangue determinado, enquanto que engordam aqueles que possuem um outro tipo de sangue. (Ver mais adiante a dieta dos grupos sangüíneos).

Alimentos vivos e alimentos mortos

Os alimentos vivos dão-nos vida. Os alimentos mortos dão-nos quilos e nos aproximam da morte. Alimentos vivos são as frutas, as verduras e qualquer comida sadia. Alimentos mortos são as batatas fritas as bolachas e todo o lixo processado que preenche as vitrines dos supermercados em latas ou vasilhames de cores vistosas. Qualquer alimento que, em alguns dias, não germina ou apodrece está morto. Em lugar dos temperos comerciais, cujo componente de gorduras costuma ser muito elevado, prepare-os com alho, salsa, pimenta, limão, sal e ervas aromáticas. Ajudá-lo-ão a digerir melhor as proteínas e as gorduras animais, além do que reduzirá seu peso.

Acompanhamentos

Em lugar dos acompanhamentos comerciais, enlatados ou engarrafados, como molhos e outros cujo teor de gorduras é muito elevado, passe a preparar os alimentos com produtos vivos e frescos como: alho, salsinha, pimentões, ervas aromáticas, limão, sal e etc. Sua digestão será mais leve, ajudará a digerir melhor as gorduras animais e reduzirá seu peso.

A papoula da Califórnia

É uma planta sedativa que é recomendada em casos de nervosismo, estresse e alterações do sono. Tem efeitos antiespasmódicos, por isso acalma as dores intestinais. Se o fato de não puder lambiscar por horas lhe provoca ansiedade, pode recorrer aos efeitos sedativos da papoula californiana. Não são conhecidas contra-indicações e não desenvolve hábito.

Anotar

Para aqueles que são realmente meticulosos, tomar nota, após cada refeição ou lanche, exatamente do que comeu; esta é uma boa tática que nos torna pouco a pouco mais conscientes de tudo o que levamos à boca e permite-nos adquirir maior controle sobre nossos hábitos alimentares. Logo rejeitaremos, no ato, muitos bocados, sobretudo entre refeições, que antes consumíamos mecanicamente. Os «snacks» que se consomem fora das refeições (batatas fritas, biscoitos, pasteizinhos, chocolates, balas) costumam ser os principais responsáveis pela obesidade infantil, que em muitos casos permanece para toda a vida.

Os antidepressivos

Cuidado! Os antidepressivos tri cíclicos têm como efeito secundário gerar uma ânsia desmedida por hidratos de carbono. Aqueles que estejam tomando medicamentos contra a depressão farão bem ao assegurar-se de que eles não pertençam a este tipo. Não me refiro às marcas, pois os nomes variam de um país a outro, mas é bastante triste sair de uma depressão para cair noutra por ter engordado 15 quilos.

A antidieta

A antidieta é uma das chamadas dietas dissociadas que se baseiam na crença de que os hidratos de carbono e as proteínas devem ser tomados separadamente, nunca na mesma refeição, porque sua digestão requer um meio ácido e um meio alcalino e a mistura dos dois dificulta a assimilação dos nutrientes. A antidieta surgiu nos Estados Unidos, não apenas como um tratamento para emagrecer, mas como um novo conceito de alimentação.

 EMAGRECER

Esta dieta não consiste em alimentar as calorias, senão em misturar certos alimentos.

Pela manhã, podem-se comer unicamente frutas. Nada de pão, café ou cereais. Para saciar a fome podem-se comer duas bananas. Ao meio dia deverão ser ingeridas saladas, hortaliças e sopas. À noite já são permitidos carne, pescado, arroz, verduras, massas, batatas etc., sem nenhuma restrição. Não há limites em relação aos produtos lácteos; para enfeitar os alimentos pode ser utilizado um azeite vegetal. Aqui se segue um exemplo de cardápio.

Desjejum: Fruta fresca, salada de frutas ou suco recém espremido.

Almoço: Travessa de verduras, salada com queijo fresco, sanduíche de abacate, sopa de lentilhas, farelo de trigo com salada.

Jantar: Frango assado e cogumelos, filé de pescado frito, massa com verduras. Bebidas: água mineral, suco de frutas, suco de hortaliças, infusões de ervas ou café de malta.

Os aparelhos de exercício

Se você tem bicicleta ergométrica ou outros aparelhos para praticar exercícios, não os esconda no quarto de trastes velhos. Mantenha-os à vista.

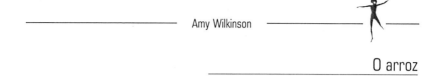

O arroz

O que engorda não é o arroz, mas aquilo que o acompanha. Sirva-o preferivelmente com vegetais.

Dieta do arroz frango e maçãs

Esta dieta dura nove dias e está baseada em comer, durante este período, somente arroz, frango e maçãs, sem poder misturar nenhum outro alimento. Pode-se perder até um quilo por dia, conseguindo, além do mais, limpar o organismo de toxinas.

Do primeiro ao terceiro dia. Trata-se de comer arroz, nos três primeiros dias, sem acompanhá-lo de nenhum outro alimento.
Do quarto ao sexto dia. Nos três dias seguintes, somente se pode comer frango, bem assado ou fervido, mas sempre sem a pele.
Do sétimo ao nono dia. Nos três últimos dias, comer apenas maçãs fervidas, assadas ao forno ou cruas.

O aspartame

Cada vez são mais freqüentes as confirmações de que, ao final, os alimentos e as bebidas adoçados com aspartame (praticamente todos os dietéticos) nos fazem engordar. E não é este o único efeito negativo desta substância, considerada entre

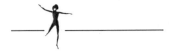

as mais nefastas de todos os aditivos utilizados atualmente. Concentra mais de 75% de todas as denúncias por reações adversas que se recebem nos Estados Unidos (pode causar desde perda de memória a tumores cerebrais). Se você costuma tomar esse tipo de refrigerantes e continua aumentando de peso, substitua-o por água. Quem sabe tenha uma boa surpresa. Outros nomes do aspartame são: Nutra Suite, Equal, Spoonful, Canderel etc.

A dieta do dr. Atkins

Baseada na supressão quase total dos hidratos de carbono, a dieta para emagrecer do Dr. Atkins continua tendo uma enorme aceitação nos Estados Unidos. A grande atração que esta dieta exerce sobre os seus muitos milhares de seguidores consiste em prescrever a forma mais apreciada de cozinhar os alimentos: tudo pode ser frito como preferem os estadunidenses: todo tipo de carne de mamíferos, desde a de vitela até a de porco e de qualquer ave, incluídos os gansos, e também o toucinho, toda classe de pescados principalmente o salmão e os mariscos não crustáceos. Essa dieta atrai porque inclui também os patês, os queijos fortes, o leite integral, a nata, a maionese, os ovos e algumas verduras para acompanhar as carnes, tal como saladas cruas, como alface, escarola, endívia, pepino, rabanete, cebola, aipo, pimentão, agrião, erva-doce e azeitonas verdes ou negras, regados todos com a quantidade e o tipo de azeite que desejar.

Como se pode observar, com exceção das verduras mencionadas, fica descartado todos os alimentos freqüentes que contêm hidratos de carbono, em qualquer nível que seja. Isto é, estão totalmente proibidos o pão, as batatas, os legumes, o restante das verduras, todas as frutas e as massas e muito particularmente, os doces. Estes estão especialmente excluídos nas primeiras semanas da dieta, ainda que, com o passar do tempo, se irão incorporando de forma gradual, mas sempre em pequenas quantidades.

Outro fator que confere grande atração a essa dieta é que não impõe limite algum às quantidades de alimentos que se podem consumir e permite que se coma quando se tenha apetite, quer dizer, em qualquer momento do dia ou da noite. Em conseqüência, alguém pode comer dois ovos fritos com toucinho, quando o desejar, o que contribui para que a pessoa não sofra jamais a sensação de fome. É uma dieta fácil para pessoas predominantemente carnívoras, capazes de viver sem fruta, sem pão, sem massa, sem legumes e quase sem verduras, e estas pessoas conseguem baixar espetacularmente de peso. Não obstante, seria impossível que alguém acostumado com a alimentação de tipo mediterrâneo pudesse seguir a dieta do Dr. Atkins sequer dois dias.

Os nutricionistas advertem seriamente contra ela. Normalmente é vista como uma dieta muito desequilibrada e potencialmente danosa para a saúde por ser deficiente em vários minerais e vitaminas, tanto como em fibras. O excesso de proteína prejudica os rins e tende a drenar o cálcio dos ossos. Além do mais, eleva os níveis de ácido úrico, colesterol e triglicérides, e, em certas ocasiões, pode favorecer a má digestão, devido ao alto consumo de carnes vermelhas, embutidos e ovos, que elevam perigosamente o risco de enfermidades cardiovasculares. Não obstante, diante dessas acusações, o Dr. Atkins sustenta o contrário, com base em alguns estudos seus e noutros realizados

pelo Dr. Yukin com vários povos, entre eles as tribos africanas Masai e Samburu e os habitante da ilha de Santa Helena. Nos estudos realizados pelo Dr. Yukin, foi descoberto que entre os integrantes das tribos citadas, cuja dieta é alta em gorduras e muito baixa em açúcares, a incidência de enfermidades cardíacas é extremamente baixa, enquanto que entre os habitantes de Santa Helena, com uma dieta escassa em gorduras e alta em açúcares, as ditas enfermidades são muito freqüentes. Possivelmente ambos tenham razão, tanto o Dr. Atkins como os seus detratores. As descobertas do Dr. D'Adamo (ver a dieta dos grupos sangüíneos) explicam claramente por que. De outro lado, se é certo que os esquimós e outros povos exclusivamente carnívoros não têm praticamente enfermidades cardiovasculares, também é fato que seus indivíduos, ainda que fortes e sãos na sua juventude, muito raramente chegam aos 60 anos e que as mulheres começam a mostrar sinais de osteoporose a partir dos 30, e isto sem considerar que comem a carne crua, que é muito mais assimilável pelo organismo do que a cozida.

Resumindo, é uma boa dieta para ser seguida durante um tempo muito limitado pelos carnívoros que queiram baixar de peso e que possam passar sem fruta e sem pão, mas pode ser muito perigosa para a saúde, caso se pretenda convertê-la num estilo de vida permanente. Os hidratos de carbono não são venenos, como pensam muitos seguidores dessa dieta, mas um grupo de alimentos totalmente necessários, para obter uma vida equilibrada, sã e feliz.

A aveia

A aveia é um dos alimentos mágicos que ajudam a baixar ou a manter o peso, pois não tem gordura, e sim, muitos nutrientes. É fácil de preparar e se consegue em qualquer supermercado.

O jejum

Sem dúvida, uma das formas mais rápidas de emagrecer é deixar totalmente de comer. Sob supervisão médica, um paciente que consuma unicamente água pode perder aproximadamente meio quilo diário e os homens um pouco mais. O problema é que 30% desta perda é de tecido muscular, incluindo o músculo do coração. Por outra parte, mais de 90% dos pacientes que emagreceram mediante um jejum total recuperaram todo o peso perdido antes de dois anos. Além do mais, para realizar um jejum deste tipo, é necessário que a pessoa desfrute de excelente saúde. Aqueles que sofrem de gota ou de outros problemas de ácido úrico devem evitar o jejum. Assim como aqueles que têm problemas de rins ou de fígado, enfermidades circulatórias, anemia ou desordens nervosas. De qualquer forma, o jejum somente deverá ser realizado sob uma estrita supervisão médica; inclusive nestas condições, junto a alguns efeitos certamente positivos há também seus perigos e suas conseqüências negativas.

O açúcar é uma droga, e é responsável pela maior parte dos problemas de obesidade. Aprenda a desfrutar o sabor natural das comidas. Por exemplo, se você toma um suco de laranja sem açúcar, pode fazer o mesmo com as demais frutas é questão de acostumar-se.

A balança

O mesmo que ocorre com a seleção dos alimentos, nas diferentes dietas, os planos de emagrecimento diferem totalmente uns dos outros quanto ao uso da balança. Algumas dietas, como a de Beverly Hill, obrigam a pessoa a pesar-se pelo menos uma vez ao dia, caso contrário, asseguram que todos os seus esforços para seguir o referido regime não terão êxito. Outros, não obstante, proíbem pesar-se mais de uma vez por semana. De qualquer forma, o assunto é que não se considere a balança como o árbitro definitivo e inapelável em qualquer programa de perda de peso. É muito importante levar em conta outros dados, como por exemplo, a redução da circunferência da cintura e, sobretudo, o nível de energia da pessoa, seu estado de ânimo, como se sente em geral sua qualidade de vida, que é o que, no final das contas, se pretende alcançar com a dieta.

Banho relaxante

Muitas pessoas que trabalham fora passam o dia todo com uma alimentação muito fraca; porém, quando chegam a casa, por vezes à noite, convertem-se numa ininterrupta máquina de comer. Se este é o seu caso, quando chega ao seu lar, após um dia de trabalho, tome antes de qualquer coisa uma ducha ou um banho quente. Ao sair, terá esquecido a idéia de arrojar-se sobre o frigorífico para comer qualquer coisa sem pensar.

A berinjela

Este é um remédio muito simples e efetivo para emagrecer e manter-se na linha. Deve cortar uma berinjela em 10 ou 15 pedaços e pô-los num frasco de vidro grande com capacidade para três ou quatro litros. Em seguida, guarda-se na geladeira até que a água adquira uma cor escura como de sumo de maçã oxidado, o que levará mais ou menos umas doze horas. Cada noite, antes de deitar-se deve tomar um copo deste líquido, repondo, sempre com água limpa, a quantidade que é consumida. A cada 15 dias, aproximadamente, troca-se a berinjela, ou antes, se a água estiver demasiadamente turva ou suja. Parece que a água de berinjela impede de algum modo o acúmulo de gorduras no corpo.

EMAGRECER

A dieta Beverly Hills

Nos anos 30, William H. Hay anunciou que os amidos devem ser consumidos separadamente das proteínas e que frutas não devem ser consumidas juntamente com amidos nem com proteínas. Baseando-se nesta idéia, Judy Mazel criou, em 1981, a dieta Beverly Hills, sustentando que as enzimas das frutas podiam queimar as calorias antes que estas chegassem aos quadris. Propôs consumir hidratos de carbono e proteínas em diferentes horários elaborando um plano para toda a vida, fundamentado no conceito da combinação dos alimentos. A fase inicial da dieta Beverly Hills, bastante drástica, dura seis semanas. Durante os primeiros dez dias, não se pode comer nada, exceto frutas. Essa dieta gozou do seu momento de grande popularidade entre os personagens de Hollywood e vinte anos depois continua tendo muitos adeptos. Para os amantes da disciplina e da fruta tropical não é muito difícil segui-la, sobretudo se vivem em países onde seu preço seja acessível, pois, hipótese contrária, pode transformar-se numa dieta muito cara. Normalmente as quantidades não são restringidas, podendo-se comer quanta fruta se deseje. Ainda que se indiquem três refeições, podem ser feitas muitas mais, consumindo-se a cada vez apenas o tipo de fruta determinada e deixando um espaço mínimo de duas horas entre as refeições. Restringe-se o uso do sal, dos produtos lácteos e dos açúcares assim como de outros hidratos de carbono, mas o único alimento totalmente proibido são os edulcorantes artificiais e os refrigerantes de dieta ou light. A perda de peso é variável de pessoa a pessoa, mas é sempre muito notada. É possível perder entre quatro e cinco quilos na primeira semana e seguir com este ritmo nas seguintes. O alimento estrela desta dieta é sem dúvida o abacaxi americano. Para cada fruta que não se consiga, é possível substituir por abacaxi. Este é o cardápio para as quatro primeiras semanas:

Dia 1: Abacaxi durante o dia todo.
À noite, duas bananas.
Dia 2: Papaia para o desjejum e o almoço.
Mangas para o jantar.
Dia 3: Papaia para o desjejum.
Abacaxi para o almoço e papaia para o jantar.
Dia 4: Melancia durante o dia todo.
Dia 5: Duas bananas para o desjejum.
Damascos secos para o almoço e para o jantar.
Dia 6: Ameixas secas para o desjejum (200 gramas).
Morangos para o almoço e duas bananas para o jantar.
Dia 7: Melancia durante o dia todo.
Dia 8: Ameixas secas para o desjejum (230g).
Morangos para o almoço e 230g de uvas passas para o jantar.
Dia 9: Uvas durante o dia todo.
Dia 10: Uvas durante o dia todo.
Dia 11: 230 gramas do pão que mais lhe agrade e duas colheres de manteiga (para o desjejum e o almoço). Para o jantar, três espigas de milho doce.
Dia 12: Abacaxi para o desjejum e para o almoço.
Salada verde para o jantar.
Dia 13: Maçãs para o desjejum e para o almoço.

	Batatas assadas com manteiga (duas colheres) para o jantar.
Dia 14:	Manga durante todo o dia (pode-se substituir por papaia).
Dia 15:	Duas bananas para o desjejum. 230g de passas para o almoço e 115g de amêndoas para o jantar.
Dia 16:	Abacaxi para o desjejum e o almoço. Salada verde para o jantar.
Dia 17:	Abóbora para o desjejum. Cogumelos para o almoço e alcachofras ou brócolis para o jantar.
Dia 18:	Groselhas para o desjejum. O almoço e o jantar. (No jantar também se pode comer papaia as groselhas podem ser substituídas pela papaia durante o dia todo).
Dia 19:	Maçãs para o desjejum e o almoço. Filé de lagosta com manteiga sem sal para o jantar.
Dia 20:	Frango durante o dia todo.
Dia 21:	Melancia durante o dia todo.
Dia 22:	Papaia ou groselhas para o desjejum. Um hambúrguer para o almoço e pescada para o jantar.
Dia 23:	Abacaxi para o desjejum e o almoço. Morangos com champanhe para o jantar.
Dia 24:	Dois pãezinhos para o desjejum. Uma salada verde para o almoço e verduras com arroz para o jantar.
Dia 25:	Maçãs para o desjejum e o almoço. Para o jantar, pipocas de milho.

Dia 26:	230g de ameixas secas para o desjejum.
	Framboesas para o almoço. Massa para o jantar.
Dia 27:	Uvas durante o dia todo.
Dia 28:	Cerejas ou morangos para o desjejum e para o almoço. Uva passa para o jantar.

Mesmo apresentando resultados positivos, a dieta de Beverly Hills é considerada pouco saudável por ser deficitária em proteínas e, sobretudo em gorduras (sim, toda alimentação saudável deve incluir necessariamente certa quantidade de gordura).

Qualidade mais do que quantidade

Com freqüência, o fato de consumir exclusivamente 100% de alimentos dietéticos é contraproducente. Seu sabor não é o mesmo dos comuns, pelo que a satisfação que produzem é menor e às vezes se acaba por comer mais. Quanto ao preço, tampouco costumam ser mais baratos. Reduzindo um pouco, apenas um pouco, o tamanho das porções (ou, ainda melhor, o tamanho do próprio prato), por conseqüência se consegue um teor calórico notável que, em um ano, pode significar oito ou dez quilos a menos. E o mais importante, terá adotado, sem perceber, o hábito de comer com mais moderação. Segundo a nutricionista Alice Moag-Stahlberg, da Universidade do Noroeste, em Chicago, as pessoas com excesso de peso costumam comer os mesmos alimentos que as magras. A diferença entre umas e outras está no tamanho das suas porções. Trata-se de escolher a

qualidade mais do que a quantidade. Ainda que seja mais caro, é preferível comer uma pequena quantidade de um autêntico queijo do que meio prato de um sucedâneo ou de uma falsificação. Outras vezes, será necessário mudar o conceito que temos do que é uma refeição. Nos Estados Unidos, a maioria das pessoas cresce com a idéia de que uma refeição consiste em carne, batatas, pão, verduras verdes e sobremesas; mas tudo isto pode ser mais do que necessita um adulto; às vezes, um jantar pode ser simplesmente uma sopa, um iogurte ou uma maçã. E, sobretudo, nunca devemos esquecer que toda medida drástica está condenada ao fracasso. A natureza não funciona como uma corrida de 100 metros, pelo contrario é muito lenta e suave. Adotar algumas medidas fáceis e simples, como as que estão indicadas neste livro, será mais saudável e mais efetivo do que seguir, durante duas semanas, a mais rigorosa das dietas. E quando se deseja um sorvete de chocolate ou um doce, compre para si o melhor e desfrute-o!

Dieta das 1500 calorias

Esta dieta ordena quatro refeições diárias, mantida a regularidade do horário e respeitados os pesos recomendados.

Todos os dias:
Desjejum: 200cc de leite com café ou chá sem açúcar, com 200g de frutas ou 30g de pão integral.

Merenda: 200cc de leite com café ou chá sem açúcar com 200g de frutas.

Segunda-feira:
Almoço: 200g de couve-flor fervida e 100g, sem desperdícios, de frango assado.

Jantar: Sopa de massa (30g pesada crua) e 100g de peixe (sem desperdício) na chapa com alface e tomate (100g).

Terça feira:
Almoço: 200g de cenouras guisadas, 100g de frango (sem desperdícios) assado, com alface.

Jantar: 200cc de consome preparado com ovo cozido e 20g de presunto York. Filé de 100g empanado, com alface.

Quarta-feira:
Almoço: 200g de espinafre refogado, 100g de peixe (sem desperdício), no forno, com alface.

Jantar: 200g de acelgas e cenouras guisadas, 100g de filé de vitela na brasa com alface.

Quinta-feira:
Almoço: 200g de salada mista, 100g de peixe (sem desperdícios) na brasa com 100g de batatas cozidas.

Jantar: 100g de creme de guisados, um ovo no prato com 100g de guarnição de verdura.

Sexta-feira:
Almoço: Sopa de massa (30g pesada crua), 100g de merluza à romana (sem desperdícios), com salada.

Jantar: 200g de verdura refogada, um filé de cem gramas na brasa com alface.

Sábado:
Almoço: 200g de purê de verdura e um filé de 100g na brasa com salada.

Jantar: 200g de sopa Juliane, 100g de frango assado (sem desperdício) com 100g de salada.

Domingo:
Almoço: Sopa de mariscos (30g de massa crua), 100g de carne de vaca assada com 100g de guarnição de verduras.

Jantar: 200cc de consome preparado com ovo cozido, 20g de presunto York e 100g de peixe (sem desperdícios) ao forno.

Observações:
– Esta dieta inclui 60g de pão (dois pãezinhos por dia). Inclui ainda 100g de frutas no almoço e 100g no jantar.

– A quantidade máxima permitida de azeite para condimentar é de 20cc ao dia.

– Podem ser utilizados edulcorantes artificiais (sacarina).

Risco de câncer

Recentemente, o câncer de mama passou a encabeçar a lista das enfermidades que são estimuladas pelo excesso de peso. Um estudo recente do qual participaram mais de 95.000 enfermeiras com experiência profissional em media de 16 anos, demonstrou que pelo menos um, em cada seis casos de câncer de mama em mulheres na fase pós-menopausa, está intimamente relacionado com a obesidade. O risco de contrair câncer de mama após a menopausa foi incrementado até em 100% nas mulheres que começam a ter excesso de peso a partir dos 18 anos. Outra razão de peso para perder peso.

A celulite, dieta anticelulítica

A celulite consiste numa desorganização das células de gordura que não podem realizar suas funções normais e passam a inchar-se, formando a famosa «pele de laranja». De acordo com uma descoberta realizada por médicos franceses, existe uma relação direta entre um índice alto de toxinas no corpo e a aparição da celulite. Assim mesmo, adverte-se que as pessoas com problemas de intestino preso e má circulação são mais propensas a sofrer o problema. Poderíamos dizer, portanto, que os alimentos capazes de prevenir ou combater estes problemas são de certa forma, anti-celulíticos. O seguinte cardápio é um exemplo de alimentação saudável anti-celulítica.

Desjejum: Suco de laranja e duas bolachas integrais.

No meio da manhã: Chá e um prato de verduras.

Almoço: Salada de verduras cruas, feijões, alface, escarola, cenoura, beterraba e alcachofras; purê de legumes, feijões, grãos-de-bico, lentilhas ou refogados e um pedacinho pequeno de pão integral com dois filés de peru, frango, vitela ou merluza.

Jantar: Salada de verduras cruas, fritas ligeiramente em fogo vivo, verduras que podem ser misturadas com pedacinhos de carne, peixe ou marisco, uma batata assada e uma maçã.

Recomendações:
- Chupar muitas laranjas, toranjas, limão e cítricos em geral, sem tirar a parte branca da pele, pois é benéfica para fortalecer as paredes dos capilares.
- Durante um dia inteiro a cada semana, tomar somente sucos que depurem o organismo.
- É importante tomar refeições ricas em fibras como os legumes, as frutas e as verduras, porque combatem os problemas intestinais e facilitam a digestão, assim como alcachofras e beterrabas, que reforçam o fígado. Devem ser evitadas peças de vestuário excessivamente justas, já que dificultam a circulação sangüínea, favorecendo a aparição da celulite.

O jantar

Nos países ocidentais costuma ser a comida o que mais contribui para o excesso de peso. Quais são os alimentos mais aconselháveis para o jantar? Para começar, não é aconselhável repetir o mesmo do meio-dia (se sobrou, guarda-se para o dia seguinte), pois se deve seguir uma dieta variada e também prescindir dos embutidos e frituras, que dificultam muito a digestão durante as horas noturnas. O ideal seria escolher frutas da estação, as mais maduras possíveis (preferencialmente de cultivo biológico), com iogurte ou um pouco de pão. Esta é uma alternativa saudável e depurativa, ideal para pessoas que necessitam eliminarem líquidos e desintoxicar o organismo. Os cereais integrais ajudam a conciliar o sono, e sua riqueza em vitamina B nutre e acalma o sistema nervoso, sendo o grupo de alimentos recomendados no caso de nervosismo ou dificuldades para dormir. O cereal mais dorminhoco é a aveia. Podemos comprá-la em forma de sêmola ou em flocos e preparar ricas sopas com ela.

Uma fórmula infalível para combater a insônia é ferver, em fogo lento, flocos de aveia em leite de aveia (à venda em casas de produtos naturais); quando já estiverem cozidos, toma-se esta sopa para jantar; é muito relaxante e indutora do sono.

O arroz integral é também uma opção perfeita para o jantar e um bom diurético natural; combinado com um pouco de salada é um prato muito equilibrado. Os cereais consumidos em grão (milho, trigo etc.) nutrem e não engordam, sobretudo, se respeitamos a máxima de «mastigar os líquidos e beber os sólidos». Cada bocado de cereal pode ser mastigado de trinta a quarenta vezes; contar às vezes enquanto se mastiga é uma forma de

tomar consciência da mastigação, que nos leva a comer menos, por sentirmos-nos saciados.

Para aquelas pessoas que desejam manter a linha ou perder peso, o jantar é a refeição mais importante do dia a se levar em conta, pois, à noite, o metabolismo torna-se lento e não se queima tão facilmente o alimento, acumulando-se as gorduras com muito mais facilidade. É muito conveniente observar a relação entre como jantamos e como levantamos no dia seguinte. Sente a boca amarga ou pastosa? Com que humor você acorda: mal humorado ou alegre? Como sente o corpo, pesado ou lépido, preguiçoso ou com vontade de começar o dia? Esta tomada de consciência é um passo muito importante no caminho para a saúde e a forma física.

A centelha asiática

Muito conhecida por seus efeitos positivos sobre a circulação sangüínea, esta planta possui notáveis propriedades anti-celulíticas, eliminando naturalmente a pele de laranja e deixando a epiderme suave e com menos poros e imperfeições.

Os cereais do desjejum

Se não é capaz de evitá-los, prepare-os com mais água do que leite e acrescente-lhes frutas naturais. Lembre-se de que cada 100 calorias a mais ao dia acumulam cinco quilos por ano.

Os cogumelos

Os cogumelos são um alimento mágico, pois, além de serem deliciosos, contêm sete dos onze aminoácidos essenciais para o organismo e apenas 25 calorias para cada 100g.

Chiclete

Mastigue chiclete sem açúcar enquanto prepara a comida e também ao limpar a mesa, pois isso ajuda a evitar tentações de beliscar. Mas cuidado! Somente nestes momentos. Mastigar muito chiclete estimula a secreção dos ácidos estomacais, o que poderia estimular a sensação de fome e terminaria pior o remédio do que a enfermidade.

A dieta chinesa

Com este regime os amantes da cozinha chinesa poderão emagrecer até cinco quilos em uma semana, sem passar muita fome.

Segunda-feira:
Desjejum: Um copo grande de suco com polpa de cenoura, uma banana e uma maçã verde descascada. Leite desnatado e duas torradas de pão integral.

No meio da manhã: Um iogurte desnatado e uma maçã.
Almoço: Tiras de carne magra refogadas em teflon com brotos de soja, 150ml de suco de maçã com pele, uma xícara de chá verde.
Jantar: Um copo grande de suco com polpa de cenoura, uma banana e uma maçã verde descascada. Leite desnatado. Queijo de soja a milanesa. Uma xícara de chá verde.

Terça-feira:
Desjejum: Um copo grande de suco com polpa de cenoura. Uma banana e uma maçã verde descascada e leite desnatado. Uma fatia de pão preto torrada. Uma xícara de chá verde.
No meio da manhã: Um copo de leite desnatado, um pêssego, uma fatia de pão torrado e uma xícara de chá verde.
Almoço: Um tomate natural e arroz primavera quente com pimentões verdes e vermelhos.
Jantar: Uma porção de arroz com leite, 100g de frango assado. Uma porção de espinafres com gengibre, 30g de pão preto e uma xícara de chá verde.

Quarta-feira:
Desjejum: Um copo grande de suco com polpa de cenoura, uma banana e uma maçã verde descascada. Leite desnatado, uma torrada de pão preto com mel.
No meio da manhã: Uma xícara de chá verde.

Almoço: 250g de merluza, 250g de couve-flor fervida, com algumas gotas de azeite, 75g de pão branco, duas xícaras de chá verde.

Jantar: Um prato de espinafres ao vapor com gengibre, 75g de peixe branco fervido no vapor e um copo grande de suco com a polpa de cenoura integral, uma banana e uma maçã verde descascada. Leite desnatado.

Quinta-feira:

Desjejum: Um copo grande de suco com a polpa de cenoura, uma banana e uma maçã verde descascada. Leite desnatado e 35g de queijo com pouca gordura.

No meio da manhã: Um iogurte desnatado, 100ml de suco de fruta e uma xícara de chá verde.

Almoço: 120g de linguado na brasa, um pimentão assado, um copo de suco de laranja, uma xícara de chá.

Jantar: Um copo grande de suco com polpa de cenoura, uma banana e uma maçã verde descascada. 200gr de merluza na brasa. Gratinar rapidamente tomates cortados em cubos com azeite de oliva. Uma xícara de chá verde.

Sexta-feira:

Desjejum: Um copo grande de suco com polpa de cenoura, uma banana e uma maçã verde descascada, leite desnatado, 20g de queijo sem gordura e um copo de suco de laranja.

No meio da manhã: Uma fatia de pão preto e duas xícaras de chá verde.

Almoço:	250g de merluza, 250g de couve-flor fervida com algumas gotas de azeite. Um pedaço de queijo com mel.
Jantar:	100g de carne sem gordura na brasa, 150g de tomates crus, 30g de pão, 150g de arroz com leite. Uma xícara de chá.

Sábado:

Desjejum:	Um copo grande de suco com polpa de cenoura, uma banana e uma maçã verde descascada. Leite desnatado e um iogurte desnatado.
No meio da manhã:	40g de queijo, 100g de tomates crus e uma xícara de chá verde.
Almoço:	25g de tomates crus, 200g de verduras no vapor, 30gr. de pão e uma pêra.
Jantar:	Um quarto de frango em tiras salteado no teflon com arroz primavera. Um copo grande de suco com a polpa de cenoura, uma banana e uma maçã verde descascada e leite desnatado.

Domingo.

Desjejum:	Um copo grande de suco com polpa de cenoura, uma banana e uma maçã verde descascada. Leite desnatado e um iogurte desnatado.
No meio da manhã:	2 xícaras de chá verde.
Almoço:	Bolinhos de arroz com molho agridoce, 100g de pimentão assado, uma laranja e uma xícara de chá verde.
Jantar:	Um copo grande de suco de cenoura, uma banana e uma maçã verde descascada, 75g de arroz branco, uma pêra e leite desnatado.

O chitosan

Trata-se de um produto derivado do polissacarídeo chitina, contido nas carapaças de certos crustáceos marinhos como o camarão-rosa e os caranguejos. Sua função é parecida à da fibra vegetal, mas com a extraordinária particularidade de que, uma vez no estômago, o chitosan atrai e absorve as gorduras como uma esponja, combinando-se com elas e impedindo assim que sejam assimiladas pelo organismo. O chitosan não é digerível, pelo que seu conteúdo calórico que é zero; junto com as gorduras que absorveu é eliminado nas fezes. A edição de agosto-outubro de 1994 da revista *ARS Medicina* de Helsinque informa que os indivíduos participantes de um estudo para avaliar a efetividade do chitosan perderam em média uns 8% do seu peso total em apenas quatro semanas.

Os fãs do chitosan e, sobretudo, as companhias que o comercializam atribuem-lhe toda uma ampla série de benefícios adicionais: inibe o colesterol ruim e potencializa o bom, ajuda a curar úlceras e lesões, atua como antiácido, ajuda a controlar a pressão sangüínea e a prevenir o estresse, fortalece os ossos, reduz o ácido úrico. Dizem, inclusive, ter informações sobre suas qualidades na eliminação de tumores. Seus adversários aduzem que, junto com a gordura, o chitosan também leva consigo nutrientes essenciais e vitais para o organismo, esgotado já pela esquálida nutrição atual.

O ciclismo

Quem gosta de pedalar na bicicleta tem sorte. Com o ciclismo podem-se queimar 500 calorias por hora. Ou muitas mais, se você tiver condições e se for mais rápido. São ativados principalmente os grupos musculares das pernas, os quadríceps e os glúteos.

Dieta da Clínica Mayo

Com essa dieta pode-se chegar a perder até dez quilos em quatorze dias, se não comer: pão, massas e não beber nada de álcool.

A Clínica Mayo desmentiu, em mais de uma ocasião, que essa dieta tivesse sido elaborada no seu centro de Rochester; não obstante, continua sendo conhecida como a dieta da Clínica Mayo. Ela é do tipo hiper-protéico, muito abundante nos Estados Unidos. Isto quer dizer que é muito rica em proteínas e muito pobre em hidratos de carbono e gorduras, pelo que não se pode considerar como uma dieta equilibrada.

Permite uma rápida perda de quilos, porque, ao ser muito pobre em hidratos de carbono, o organismo vê-se obrigado a consumir as reservas de açúcar que se encontram no fígado em forma de glicogênio, eliminando também grande quantidade de líquidos, que a balança traduzirá em quilos. Repete-se por duas semanas o seguinte cardápio:

Segunda-feira.

Desjejum: Café ou chá sem açúcar, dois ovos cozidos, uma laranja.
Almoço: Dois ovos cozidos, uma salada mista sem azeite e com vinagre de maçã. Café ou infusões sem açúcar.
Jantar: Dois ovos cozidos, um tomate sem azeite, com vinagre de maçã. Café ou infusões sem açúcar.

Terça-feira:

Desjejum: Café ou chá sem açúcar, dois ovos cozidos e uma laranja.
Almoço: Uma bisteca na brasa, salada de alface, tomate, aipo e pepino, sem azeite e com vinagre. Café ou infusões sem açúcar.
Jantar: Dois ovos cozidos e uma laranja. Café ou infusões sem açúcar.

Quarta-feira:

Desjejum: Café ou chá sem açúcar, dois ovos cozidos e uma laranja.
Almoço: Duas costeletas de cordeiro ou um peito de frango na brasa, salada de pepino e aipo, sem azeite e com vinagre de maçã. Café ou infusões sem açúcar.
Jantar: Dois ovos cozidos, espinafre e tomate sem azeite e com vinagre de maçã.

Quinta-feira:

Desjejum: Café ou chá sem açúcar, dois ovos cozidos e uma laranja.
Almoço: Dois ovos cozidos, couve-flor fervida ou outra verdura sem azeite, com vinagre de maçã, queijo fresco e uma fatia de pão.

Jantar: Dois ovos cozidos, espinafre e tomate sem azeite, com vinagre de maçã.

Sexta-feira:
Desjejum: Café ou chá sem açúcar, dois ovos e uma laranja.
Almoço: Peixe fervido ou na brasa, sem azeite, temperado com limão, e uma fatia de pão torrado.
Jantar: Dois ovos cozidos, espinafre e tomates sem azeite, com vinagre de maçã. Café ou infusão sem açúcar.

Sábado:
Desjejum: Café ou chá sem açúcar, dois ovos cozidos e uma laranja.
Almoço: Uma bisteca na brasa ou peito de frango, salada de tomate sem azeite, com vinagre de maçã, e uma laranja.
Jantar: Uma salada de frutas da temporada, na quantidade que se deseje.

Domingo:
Desjejum: Café ou chá sem açúcar, dois ovos cozidos e uma laranja.
Almoço: Frango assado (retirar-lhe a pele antes de cozinhar) e cenouras raladas.
Jantar: Frango assado (ou costeleta de vitela), salada de tomate sem azeite, com vinagre de maçã, e uma laranja.

Recomendações:
– Não se pode fazer mais de quatorze dias seguidos.

– Não se devem substituir os alimentos citados, nem incluir outros não indicados.
– Está totalmente proibido tomar álcool durante a dieta.
– Não se deve comer nada entre as refeições, salvo café e infusões sem açúcar. Recomenda-se tomar pelo menos dois litros de água por dia.
– Permite-se tomar café, chá, infusões.
– Não se deve comer pão nem massas.

Dieta da couve

Além de fazer perder o excesso de peso, o objetivo dessa dieta é eliminar toxinas e assim ajudar o corpo a obter mais energia. Pelas reconhecidas qualidades da couve, essa dieta tem também um efeito de proteção contra o câncer.

Sua duração deve ser de quinze dias no máximo, podendo se perder até cinco kg.

Durante esse tempo, é aconselhável tomar azeite de oliva extra virgem, beber água em abundância, comer alimentos frescos e praticar algum exercício, ainda que seja, tão-somente, caminhar durante meia hora por dia.

A couve é normalmente prescrita para alimentação das pessoas com diabetes e também para as mulheres grávidas; não obstante, as pessoas nessas circunstâncias que decidam seguir essa dieta deverão consultar previamente um médico. Esse regime não é adequado a pessoas com hipotiroidismo, pois a couve inibe o funcionamento da glândula tireóide.

Cardápio diário:
Desjejum: Chá e um prato de verduras.
Almoço: Um copo grande de suco de couve, salada de couve roxa, couve verde e couve branca, que se pode combinar algumas vezes com alface, com arroz, com legumes ou com cereais como o milho ou o trigo. A salada, pode-se temperá-la a gosto, porém, sem vinagre.
Jantar: Um copo grande de suco de couve, alternando-se com os mesmos pratos indicados para o almoço.

Quando se volta à alimentação normal, convém, nos dois primeiros dias, comer apenas verduras e frutas e depois ir acrescentando carnes e peixes.

A cavalinha

Essa erva é diurética e depurativa, além de ter muitas outras propriedades saudáveis. Uma xícara diária é suficiente.

Consciência

Nunca coma de modo mecânico: pratique a alimentação conscientemente, observando todos os seus atos: cheire, saboreie e sinta cada bocado como se fosse o único.

Consumo diário de calorias

Normalmente se considera que o número adequado de calorias que devemos consumir diariamente é o resultado da multiplicação de nosso peso por 25. Assim, a pessoa que pesasse 75k deveria consumir 1.875 calorias diárias. Naturalmente esse é apenas um dado muito aproximado, que deverá ser modificado conforme as circunstâncias particulares de cada um, sobretudo idade e nível de atividade física desenvolvida.

O cromo e o vanádio

Muitos casos de obesidade estão estreitamente relacionados com um deficiente metabolismo dos hidratos de carbono, e o principal hormônio que tem a ver com este acúmulo indevido de gordura no corpo é a insulina. Todas as substâncias que tornam mais eficiente o funcionamento da insulina costumam ajudar a combater a obesidade. Atualmente já existe um número muito elevado de estudos científicos que confirmam esse fato. Entre as referidas substâncias encontra-se a planta *Gymnena silvestre*, usada na medicina aiurvédica, a canela, o cravo, o louro, e os metais vanádio e cromo. Além da sua evidente utilidade para os diabéticos, foi demonstrado que o cromo reduz também o nível sangüíneo do colesterol LDL (o mau) e das triglicérides, enquanto que aumenta o nível do colesterol HDL, benéfico. Curiosamente, a dieta norte-americana é muito pobre em cromo e por este motivo que mais de 90% das pessoas, nesse país, são deficientes do referido metal. Os suprimentos nutritivos de cromo e vanádio são encontrados com bastante facilidade nas casas de produtos naturais e dietéticos. A apresentação mais comum do vanádio é sob a forma de sulfato de vanádio, enquanto que o cromo costuma ser vendido sob a forma de nicotinato de cromo, ou melhor, como picolinato de cromo. As doses aconselháveis são entre 200 e 600 micro gramas de cromo por dia e entre 5 a 15 miligramas de sulfato de vanádio. Seu efeito mais notável é a redução da ansiedade, ao se consumir hidratos de carbono simples (chocolate, biscoitos etc.), e um menor acúmulo de gordura no corpo.

O desjejum

Não deixes de comer pela manhã! Faça seu desjejum! Coma qualquer coisa: duas torradas, uma maçã, seja o que for. Durante a noite o metabolismo torna-se lento e não retoma a sua velocidade até que se coma algo. Não comer até o meio dia significa que, durante quatro ou cinco horas, seu corpo estará queimando calorias a um ritmo muito mais lento do que se tivesse feito a primeira refeição. *«Faça seu desjejum como um rei. Almoce como um príncipe e jante como um mendigo»*, diz o refrão. Contudo, um antigo provérbio persa é ainda mais drástico: *«O desjejum deve tomá-lo sozinho, o almoço divide-o com um amigo e ofereça o jantar ao seu inimigo»*.

Amy Wilkinson

Despir-se

Há alguns anos, ensinaram-lhe a uma amiga ex-obesa e ex-comedora compulsiva um ritual muito estranho, mas que para ela deu certo. Cada vez que sentia a imperiosa necessidade de comer alguma guloseima fora de hora, despia-se por completo, pegava o doce ou o sorvete ou o chocolate em questão e sentava-se para comê-lo diante de um espelho de corpo inteiro. Diante da visão de si mesma nua, a vontade de comer desaparecia de uma vez, ou melhor, às vezes dava-lhe um ataque de riso que resultava duplamente benéfico, já que está demonstrado que o riso emagrece.

Comer devagar

Nos Estados Unidos existem mais de 300.000 restaurantes de comida rápida. Que estão invadindo o resto do mundo. A relação entre obesidade e a velocidade com que se engole a comida é muito clara. As pessoas que têm tendência a engordar costumam comer mais depressa do que as demais, e seus bocados são maiores. São aquelas que, no cinema, comem pipocas de mãos cheias e na mesa têm a colher ou garfo prontos para pôr na boca, quando ainda nem terminaram de mastigar o bocado anterior. Além disso, ajudam-se com goles de alguma bebida para que passem mais rápido pela garganta e cheguem rápido onde devem chegar: o estômago. Como bem disse Alberto Skenasi, a comida é um prazer e os prazeres se ampliam não se encurtam. É seu o seguinte relato, muito revelador:

«Recordo-me de uma ocasião, no barco em que realizávamos um cruzeiro, em que minha esposa e eu, durante o horário das refeições, decidimos ir ao bufê em vez de descermos para o restaurante. Servia-me de um hambúrguer com batatas fritas, um pouco de salada e café. O hambúrguer estava delicioso e eu estava comendo-o apetitosamente. De repente, me dei conta do que estava fazendo: tinha a boca cheia e mordia outro bocado. Na mão direita tinha a xícara de café e na esquerda duas batatas fritas. Levei o café à boca e tomei um gole (para ajudar-me a engolir mais rapidamente), pus as duas batatas na boca e já a mão direita pegava novamente o pedaço de hambúrguer restante. Naquele momento pensei: que diabos estava fazendo eu? Por acaso não me agradava à comida e por isso queria devorá-la rapidamente? Estaria eu sem tempo por causa de algum compromisso? Teria que salvar-me de algum incêndio? Não! Não era nada urgente e a comida agradava-me muito. Não tinha nada para fazer depois, portanto não tinha pressa alguma. Então, por que comia dessa maneira? Abaixei a mão e fiz uma pausa, acabei de mastigar e, já sem correria, dei outra mordida na quase metade do hambúrguer que havia sobrevivido a esse ataque relâmpago de antes. Quando terminei e o engoli, tomei um gole de café; depois, peguei uma batata e a comi da mesma forma que havia comido a porção anterior. Quando terminei este triplo procedimento, haviam-se passado várias coisas.

Primeiro: Havia saboreado cada porção enquanto estava na minha boca.

Segundo: Havia entendido que, assim como eu decido o que como, também posso decidir com que velocidade devo fazê-lo.

Terceiro: Ainda me restava o suficiente no prato para eu continuar comendo.

Fazendo um esforço para dominar a angústia que me dava ao romper com uma forma de me alimentar-me que havia desenvolvido por muitos anos, repeti o ato várias vezes mais, até que terminei. Minha esposa, então, já se havia servido e já estava comendo o segundo hambúrguer, como eu havia feito. Isso significa que havíamos comido, mastigado, engolido, durante exatamente o mesmo tempo. Ela havia desfrutado da sua refeição como eu também. O que se passara? Acabara de entender algo muito importante: Pode-se comer mais devagar e desfrutar assim mesmo. E mais: que se desfruta o dobro e se come menos.

Se você apenas consegue comer mais devagar e mastigar mais vezes do que está acostumado, ainda que não tivesse feito nada mais, esta única modificação irá trazer-lhe benefícios notáveis. Como qualquer outra mudança, nem sempre é fácil. Vale, porém, a pena.»

Resumindo:
- Desfrute uma a uma das suas porções e mastigue-as pelo menos quarenta vezes.
- Saboreie e sinta sua textura.
- Não engula até que o sabor desapareça.
- Lembre-se da antiga regra: beber os sólidos e mastigar os líquidos.

EMAGRECER

– Coma com a esquerda, se você é destro, ou com a direita, se é canhoto. Isso o obrigará a reduzir o ritmo.
– Depois de cada bocado, deixe a colher ou o garfo repousar sobre o prato. Não o pegue novamente até haver engolido por completo o alimento que está mastigando.

Dias alternativos

Um amigo que ensina artes marciais para 32 jovens, nos Estados Unidos, aconselha esse truque aos seus alunos e parece que sempre dá bons resultados. Trata-se de comer normalmente, um dia, sem exagerar, porém, tampouco, sem privar-se de nada; no dia seguinte, reduzir pela metade as calorias ingeridas. Quer dizer, alimentando-se saudavelmente, reduzindo, porém, pela metade, a sua ração. Parece que isso confunde de algum modo o metabolismo, e o resultado é uma perda de peso notável.

Há de se continuar com esta alternância até chegar ao peso ideal.

Escovar os dentes

Escove os dentes e passe o fio dental após cada refeição, isso o ajudará a vencer as tentações.

A dieta diária

Essa dieta baseia-se no consumo de todos os alimentos, porém, distribuídos ao longo da semana e comendo, durante um dia inteiro, apenas um tipo de alimento. Deve ser feito apenas durante seis dias, nos quais se podem perder entre dois e três quilos. Proíbe as gorduras, os molhos, os doces, o álcool, as féculas, as lentilhas e os feijões. Das frutas são excluídas as bananas, os figos, as uvas e os frutos secos. Podem ser usadas três colheres das de chá de açúcar ao dia, uma colherada de azeite e duas fatias de pão integral. Não é recomendado para as pessoas com problemas de diabetes, de uréia ou de metabolismo. Durante a semana, os alimentos devem ser distribuídos da seguinte forma:

Segunda: Proteínas, ou seja, apenas carnes que poderão ser acompanhadas de 200g de verdura e uma fruta.
Terça: Ovos cozidos, que podem ser servidos com verduras e fruta.
Quarta: Leite e derivados: iogurte e queijos desnatados, com arroz ou purê de batatas.
Quinta: Verduras, que podem ser servidas com queijo Emmenthal.
Sexta: Peixe, acompanhado de verduras e fruta.
Sábado: Frutas, de início junto com verduras.
Domingo: Pode comer o que mais lhe agrade, sem abusar.

Dietas dissociadas

As dietas dissociadas permitem uma perda notável de peso, sem grandes penalidades. É muito simples e permite quatro refeições ao dia: um desjejum, uma refeição principal, uma merenda e uma refeição acessória.

Desjejum e merenda:
Alternativa 1): Frutas. Todas as que desejarem.
Alternativa 2): Café ou chá, um iogurte diet, uma torrada de farelo de cereais com marmelada diet.

Refeição principal:
Três vezes por semana: peixe com salada.
Uma vez por semana: carne magra com salada.
Uma vez por semana: saladas variadas ou frutas ou arroz integral.
Uma vez por semana: mariscos a gosto ou saladas variadas. ·
Uma vez por semana: frango na brasa com salada.
Refeição acessória: sopa de verdura, dois tomates com orégano e uma salada mista. Pode-se acrescentar atum ou palmito e aspargos; também podem ser acrescentados mariscos.

A efedra

Considere a possibilidade de incrementar seu termo gênese tomando efedra. A efedra ou erva Ma Huang (Ephedra sínica) e seu principal ingrediente ativo, a efedrina, é considerada por muitos quase como uma panacéia, enquanto que, para outros, trata-se simplesmente de um estimulante, com efeitos muito semelhantes à cafeína. O termo gênese (literalmente, geração de calor) é um dos processos mediante os quais o organismo metaboliza (utiliza ou "queima") a gordura acumulada. O termo gênese pode ser estimulado por certos alimentos e substâncias diversas, pela exposição do corpo ao frio e pelo exercício físico.

É bastante comum que o termo gênese das pessoas que, durante sua vida, submeteram-se a muitas dietas e regimes emagrecedores seja bastante pobre, com o que não só diminui sua facilidade para eliminar a gordura, mas, também, seu apetite costuma aumentar. A efedrina estimula os beta-receptores das células gordurosas, ativando efetivamente o termo gênese.

Um estudo realizado com 10 mulheres obesas crônicas que seguiam uma dieta de 1.400 calorias diárias demonstrou que a perda de gordura durante o tempo em que estiveram tomando a efedrina foi quatro vezes superior à registrada enquanto tomavam o placebo. Os efeitos da efedrina costumam ser incrementados quando se lhe combinam certas substâncias como a cafeína e os salicilatos (casca de salgueiro).

Não devem tomar efedra às pessoas que sofrem de alguma enfermidade cardiovascular, taquicardia, hipertensão, hipertiroidismo, glaucoma, hiperplastia da próstata. Tampouco aqueles que estejam tomando algum tipo de medicamentos antidepressivos, nem, por certo, as mulheres grávidas. Entre seus efeitos secundários mais comuns estão as taquicardias, a secura na boca e a insônia.

Precisamente devido aos seus efeitos secundários, a venda da efedra foi proibida nos Estados Unidos.

O exercício

Faça algum tipo de exercício, ainda que seja tão-somente caminhar cada dia durante 30 minutos. Muitos especialistas consideram que, em bom ritmo, caminhar meia hora a cada dia é o mais indicado para perder peso. Diferentes investigações demonstraram que qualquer regime ou dieta sem a prática de exercício físico torna mais lento o ritmo metabólico; por isso, os resultados são pobres. A única forma de estimular esse ritmo metabólico é o exercício físico. Calcula-se que numa hora, andando-se em ritmo normal, são consumidas 100 calorias; fazendo-o em melhor ritmo, o consumo de calorias chega a 400. Se você tiver tempo e se lhe agrada caminhar, verá que 10 quilômetros por dia fazem com que perca peso e volume num ritmo vertiginoso. Andar é fácil e divertido. Dispersa a mente, baixa a pressão sangüínea e o ritmo cardíaco. E é grátis!

As saladas

Inicie as refeições com uma salada. Não apenas ficará satisfeito com as fibras e comerá menos dos outros pratos, mas também, ao tomar os hidratos de carbono separados e antes das proteínas, facilitará enormemente a digestão. O organismo absorverá melhor os nutrientes, que não se acumularão sob forma de gordura. As saladas são fundamentais para a boa nutrição, além de serem excelentes aliadas do seu corpo, pois alimentam e não engordam. Uma salada que faz maravilhas e que você pode comer como almoço e em qualquer quantidade é esta, de composição simples: rabanetes, cenoura e pepino, misturados na mesma porção e temperados com suco de limão e pouco sal.

Escadas

Em vez de usar o elevador, suba pelas escadas. A melhor maneira é pôr o pé plano sobre o degrau e pressionar com força para baixo. Desta forma, o outro pé e o resto do corpo subirão sozinhos (e não me refiro às escadas mecânicas).

Ouvir o corpo

Para deixar de comer em excesso, é necessário começar a ouvir o corpo. Por simples que pareça, é a única maneira de começar a mudar os maus hábitos alimentares de uma vez por todas. Quando tiver fome, coma. Quando estiver satisfeito, deixe de comer. Estas duas simples normas poderão ajudá-lo no caminho de uma alimentação saudável e do peso ideal para o resto da sua vida.

O espinho alvar

Os flavonóides que contêm esta planta são capazes de diminuir o estresse, o nervosismo e as palpitações. O espinho alvar regula e normaliza o ritmo cardíaco, melhora a circulação

e a nutrição do coração. Pode ser de ajuda para enfrentar com êxito uma dieta, já que o mantém tranqüilo, evitando que caia nas tentações. Não se lhe conhecem contra-indicações.

A espirulina

Esta alga parece que atua sobre os neurotransmissores que provocam a fome e é muito rica em micronutrientes, o que a torna perfeita para acompanhar as dietas restritivas. A dose aconselhada é de uma grama diária, o que costuma equivaler a três comprimidos ou cápsulas, ingeridos com um copo de água antes das refeições. Para sentir seus benefícios é necessário tomá-la pelo menos durante um mês.

A estévia

A estévia ou stévia (Stevia Rebaudiana Bertoni) é um edulcorante natural obtido a partir de um arbusto originário do Paraguai e do Brasil. Desde muito tempo tem sido usada como adoçante pelos índios guaranis e, atualmente, em países como o Japão; representa 41% de todos os adoçantes já consumidos. As folhas da planta são 30 vezes mais doces do que o açúcar, e o extrato, umas 200 vezes mais. Tem zero caloria, ou seja, seu aporte calórico ao organismo é nulo. É ideal para os diabéticos, já que regula o nível de glicose no sangue. Em alguns países é inclusive utilizada como tratamento para diabetes, dado que parece melhorar o funcionamento da insulina. Independentemente do seu aporte calórico zero, é muito aconselhável para perder peso, já que reduz a ansiedade pela comida (para tanto, tomar de 10 a 15 gotas, 20 minutos antes das refeições); e, ao regularizar a insulina, faz com que armazene gorduras. Diminui também o desejo ou a apetência por doces e alimentos gordos. Outras vantagens: atrasa o aparecimento da placa de cárie (por isso é também usada para fazer gargarejos bucais e como componente de dentifrícios), ajuda a reduzir a tensão arterial elevada demais e é suavemente diurética. Todos esses notáveis benefícios, e outros mais, assim como a carência total de efeitos secundários negativos asseguram-nos que a estévia será o edulcorante do futuro, por mais que, na atualidade, nos Estados Unidos, as grandes companhias fabricantes de substitutos artificiais do açúcar (todos eles nocivos à saúde) tenham lhe declarado guerra, conseguindo inclusive que a sua venda fosse restringida; atualmente, nesse país, apenas é comercializada como *«complemento alimentar»* não como *«adoçante»* ou *«edulcorante»*.

Esticar os alimentos que engordam

Estica os alimentos que engordam. Não é o mesmo comer um pedaço de queijo de 50 a 60 gramas que, ao comê-lo ralado parece insignificante, ou mesmo gratiná-lo sobre as verduras. O mesmo ocorre com duzentos gramas de carne bovina, que pode ser um filé diminuto ou transformar-se num prato abundante, se combinada com vegetais numa panela.

EMAGRECER

A estrutura óssea

Para saber se está bem de peso, você deve levar em consideração a sua textura óssea, porque nem todas as pessoas são iguais. Para saber se tem ossos pequenos, médios ou grandes, você pode utilizar como referência o seu pulso. Passe em torno dele, sobre o osso, os dedos indicador e polegar; se os seus dedos passam um por cima do outro, significa que seus ossos são pequenos; se apenas se tocam, são médios; e, se não conseguir definitivamente juntá-los, são grandes e deles depende a sua textura.

Os fatores emotivos e psicológicos

É freqüente que transtornos emocionais (relacionados com a família, as amizades, as relações amorosas, o trabalho etc.) sejam a causa do aumento no consumo da alimentação. Se você se sente deprimido ou triste, evite entrar na cozinha e muito menos aproximar-se da geladeira. O melhor é ir para a rua para distrair-se. Pode ir ao cinema assistir algum filme cômico que o relaxe, ao teatro, a algum museu ou a um centro comercial onde a área de alimentação não seja convidativa.

Os fatores socioculturais

Algumas vezes, nos adultos, o sucesso profissional vem associado à quantidade de alimentos ingeridos. Esse fenômeno é típico em homens cujas idades oscilam entre os 30 e os 40 anos, período em que deve haver um maior controle de peso. Se lhe é difícil diminuir a quantidade dos alimentos que consome, troque-os por alimentos mais saudáveis, como verduras e frutas, que lhe acalmarão a ansiedade por comer e irá brindá-lo com um aporte energético nulo de gorduras.

As fibras

As fibras existem sob três formas diferentes: solúvel, semi-solúvel e insolúvel. As fibras insolúveis são aquelas que o sistema digestivo humano não pode decompor, por carecer das enzimas necessárias. Entre elas estão a celulose dos grãos de cereais e algumas partes das frutas e das verduras, assim como a lignina dos legumes. Esta fibra ajuda na limpeza e na evacuação do intestino. Entre as fibras solúveis, isto é, as que são decompostas pela ação das enzimas digestivas, estão às pectinas e as mucilagens. Desde há muito tempo é sabido que as pectinas facilitam a cura das feridas, retardam a ação da glicose, desde o intestino até a corrente sangüínea, captam numerosas substâncias químicas nocivas, impedindo a sua absorção, e inclusive contribuem para baixar os níveis de colesterol. Também há fibras semi-solúveis, sendo a mais conhecida delas o plantago, de que se tratará mais adiante.

A fibra cumpre um papel importante em todo o plano de redução do peso. Não apenas evita que se coma em excesso, fazendo com que se sinta saciado antecipadamente, como é de grande ajuda no processo da evacuação. Já foi demonstrado

também que tem muitas outras ações benéficas, entre elas a de reduzir os riscos de câncer de cólon. Talvez, porém, a forma pela qual mais ajude seja desacelerando a absorção dos hidratos de carbono pela corrente sangüínea, e, dessa maneira, moderando a liberação da insulina no sangue, com o que evita também os ataques de apetite gerados por um excessivo nível de insulina. Incrementar o consumo de fibras é simples e saudável. Alimentos ricos em fibras, como são a maioria das frutas e dos vegetais, podem ser encontrados facilmente nas casas de produtos do gênero, tanto a granel como na forma mais concentrada de tabletes ou cápsulas. Nesses casos, é importante seguir ao pé da letra as instruções, especialmente no que se refere ao consumo de água. E, como sempre, não devemos esquecer de que a dose é o que faz o veneno ou remedio. O consumo moderado de fibras como suplemento alimentar pode ser de grande ajuda, porém, em excesso, pode causar problemas.

O freixo

Seu alto conteúdo em sais de potássio confere-lhe uma notável ação diurética que facilita a perda de peso. Destacam-se também suas altas propriedades antiinflamatórias, antiartríticas. Seu uso é muito recomendável quando a retenção de líquidos produz problemas de edemas e inchaços. Não se lhe conhecem contra-indicações.

As frituras

Evite as frituras sempre que possa. Cozinhe as comidas no forno ou prepare-as no vapor ou na grelha. Notará que, inclusive, realçam seu sabor ao paladar. Alguns vegetais como as berinjelas, os pimentões, as cebolas e as batatas são mais saborosas e muito mais saudáveis na grelha. Não os frite.

As frutas e as verduras

As frutas e as verduras são os grupos de alimentos mais benéficos, porque deles podemos comer quase tudo que quisermos. São nutritivos, econômicos, fáceis de preparar e de conseguir. Além do mais ajudam a combater a celulite e o colesterol e possuem um alto conteúdo de vitaminas e minerais.

A dieta da fruta

Os resultados desta dieta costumam ser espetaculares. Consiste na ingestão de frutas como único alimento, durante quatro semanas. Faz-se em duas etapas:

Primeira etapa.

Nos primeiros 15 dias, se faz o desjejum e come-se, ao meio dia, uma fruta a escolher, que deverá ser a mesma

durante as duas semanas. É preferível que não seja nem melão, nem melancia, já que contêm muita água e não geram a sensação de se estar saciado. Para o jantar, sempre uvas, entre 250g e 1k.

Segunda etapa.
A segunda etapa dura mais duas semanas. Na primeira come-se unicamente fruta, qualquer fruta, na quantidade que se desejar acompanhada de queijo tipo Cottage. Deve-se procurar comer pouca quantidade de queijo, no máximo 250g por dia.
Na segunda semana, devem-se incluir verduras na refeição, acompanhadas de frutas no desjejum e no jantar.

Recomendações.
Durante as quatro semanas de dieta, de manhã e à noite, tomar quatro comprimidos de alga espirulina e uma de geléia real. A espirulina aporta proteínas, e a geléia real, energia. Ao terminar a dieta, deve-se voltar, aos poucos, à carne, preferivelmente magra assada. Se, durante a dieta, sentir algum mal-estar, deverá interrompê-la por uma semana, antes de refazê-la novamente.

O fucus

Esta alga freia o apetite e impede a absorção de certos nutrientes. Seus oligo-elementos e suas substâncias vitais equilibram o organismo. É muito útil para ajudar a eliminar a sensação de fome e de vazio que provoca a maioria das dietas de emagrecimento, e além do mais estimula o metabolismo. Por seu alto conteúdo de iodo não é recomendável a pessoas com problemas de hipertiroidismo.

A garcícia cambojiana

Esta planta contém ácido didroxicítrico, que diminui a transformação de açúcares em gorduras. Reduz o tamanho dos depósitos adiposos e faz baixar os níveis de colesterol. Além do que elimina a vontade de consumir açúcar. Não são conhecidas contra-indicações.

A gymnema silvestre

Esta erva foi usada durante mais de dois mil anos pela medicina aiurvédica para controlar os problemas relacionados com o metabolismo dos hidratos de carbono. Estudos realizados com animais confirmaram que reduz efetivamente os níveis de açúcar no sangue, diminuindo a necessidade de insulina, além de reforçar o funcionamento do fígado e do pâncreas, órgãos que funcionam pobremente em toda pessoa obesa. E se isto, por si só, não for suficiente, ainda há outra propriedade curiosa que reduz a necessidade de consumir doces, afetando de algum modo às papilas gustativas.

O glucomanano

Esta planta é capaz de absorver mais de 100 vezes o seu volume em água, com o que enche facilmente o estômago. Reduz a necessidade de ingerir alimentos e não aportam calorias. É muito útil para evitar a sensação de fome se você está praticando a dieta, mas também pode ser usada simplesmente quando quiser comer menos. Não há contra-indicações conhecidas, ainda que, para ter efeito, devam ser ingeridos 30 minutos antes das refeições.

A gordura

Ainda que pareça mentira, para emagrecer de um modo efetivo e saudável, a gordura não deve ser eliminada por completo, porque é fundamental para atender o metabolismo. Toda dieta saudável e efetiva deve incluir ácidos graxos essenciais como os que se encontra em muitos peixes e sementes.

Eliminar gordura

Uma forma de perder a gordura dos alimentos é preparar alguns deles com um dia de antecedência. Assim a gordura se solidifica e pode ser retirada com facilidade antes de esquentar a refeição.

Amy Wilkinson

A dieta dos grupos sangüíneos.
Alimentos que engordam e que emagrecem

A dieta dos grupos sangüíneos começou a ser difundida a meados dos anos 90, ao serem publicados os trabalhos do médico naturalista norte-americano, Peter D'Adamo, e está causando certa comoção em todo o mundo. O entusiasmo daqueles que, por fim, encontraram uma maneira fácil e agradável de manterem magros e saudáveis confunde-se com o sarcasmo e a incredulidade de outros. Não obstante, a base desta dieta parece muito sólida e, inclusive, explicaria o eterno e grande dilema de todas as dietas: por que funcionam para algumas pessoas e para outras não? Tudo parece indicar que, diante de certos alimentos, o organismo de algumas pessoas não reage com o de outras. Nem todos somos iguais. Segundo o Dr. D'Adamo, a resposta dessas diferenças está no sangue. O tipo de sangue que corre em nossas veias exerceria uma poderosa influência sobre nossa vida, determinando as enfermidades às quais somos propensos, e sobre os alimentos que são mais adequados para nós e também àqueles que não são. Conforme seja o nosso grupo sangüíneo, alguns alimentos nos farão engordar e outros nos ajudarão a emagrecer. Curiosamente, os alimentos que não são devidamente assimilados por nosso organismo são os que nos fazem engordar, enquanto que aqueles que são metabolizados perfeitamente, quer dizer, os mais adequados para nosso tipo singular de sangue, não apenas nos fazem eliminar os quilinhos a mais, como também ajudam a desmanchar a gordura armazenada. Ao alimentar-se de acordo com seu tipo sangüíneo, estará seguindo uma dieta totalmente equilibrada. Seu metabolismo se ajustará

EMAGRECER

ao seu nível normal e as calorias serão queimadas com muito mais eficiência. O sistema digestivo processará os nutrientes de um modo muito mais eficaz, reduzindo a retenção de líquidos. Em pouco tempo o excesso de gordura desaparecerá e você manterá seu peso ideal sem esforço algum. Com a dieta dos tipos sangüíneos é muito fácil alimentar-se saudavelmente e conseguir o peso ideal. Não é necessário ficar contando calorias o tempo todo, nem pesar meticulosamente os alimentos que vai consumir. Esta dieta considera três categorias de alimentos para cada tipo de sangue: saudáveis, neutros e prejudiciais. Os alimentos saudáveis atuam como uma medicina, os neutros completam a nutrição, ou seja, não cuidam nem pioram, enquanto que os prejudiciais, dependendo da dose, poderão ser venenos para o corpo. Curiosamente, alimentos que para um tipo de sangue são saudáveis e ajudam-no a emagrecer, são prejudiciais para outro e o fazem engordar. Eis a relação dos alimentos mais benéficos e dos mais prejudiciais para os quatro tipos de sangue: O, A, B e AB.

Pessoas com sangue do tipo O

O grupo sangüíneo O é o mais antigo de todos. Acredita-se que surgiu há 40 ou 50 mil anos. Naquela época, o homem alimentava-se principalmente da caça, comendo esporadicamente alguma fruta. Por isso o organismo da pessoa com sangue de tipo O é o que melhor processa a proteína e a gordura animal. Nos Estados Unidos, mais de 50% da população é de sangue do tipo O. Entre os povos que, na atualidade, continuam sendo caçadores, como os esquimós e algumas tribos africanas, praticamente a totalidade dos indivíduos é de sangue tipo O. Para perder os quilos que lhes sobram e manter seu peso ideal, as pessoas do tipo

"O" deverão comer carne e peixe em abundância e suprimir ou restringir ao mínimo seu consumo de pão, de milho, de feijões e suas variantes, de lentilhas, de couve e de couve-flor. Nelas, esse tipo de alimentos faz com que as calorias sejam queimadas a fogo lento e acabem armazenadas sob a forma de gordura. O maior inimigo das pessoas obesas com sangue de tipo O é o glúten de trigo. A maioria delas perde rapidamente peso apenas eliminando da sua dieta qualquer tipo de pão, inclusive o pão integral. O milho tem um efeito semelhante, ainda que não tão drástico. Outro problema bastante comum nos indivíduos cujo sangue é do grupo O é o funcionamento insuficiente da glândula tireóide, pois o corpo tende a reter os líquidos e a aumentar de peso. Por isso os alimentos ricos em iodo, substância que estimula a glândula tireóide costuma ter um considerável efeito emagrecedor nestas pessoas. Entre estes alimentos estão as algas marinhas, o peixe e os mariscos. As carnes vermelhas (vitela, cordeiro, fígado) as fazem emagrecer porque estimulam o seu metabolismo.

Alimentos que emagrecem as pessoas com sangue do tipo O.

As algas marinhas contêm iodo, que estimula a produção do hormônio da tireóide. As carnes vermelhas o espinafre e os brócolis, por estimularem o metabolismo. Os mariscos, os peixes do mar e o sal de cozinha, pelo seu conteúdo de iodo. O fígado é uma fonte de vitamina B e estimula o metabolismo. Quanto ao chá Pu Erh: melhora a assimilação das proteínas e a função intestinal. A erva-mate também estimula o metabolismo.

Alimentos que engordam.

O *glúten de trigo*: torna mais lento o metabolismo e contribui para a eficiência da insulina, assim como flocos de cereais no desjejum (aveia etc.) e o milho (incluindo-se a pipoca).

A *couve-flor e a de Bruxelas* inibem a produção do hormônio da tireóide.

As *lentilhas* dificultam o adequado metabolismo dos nutrientes, e os feijões, a utilização das calorias.

A *couve branca* inibe a produção do hormônio da tireóide.

As pessoas com sangue de tipo A.

O tipo de sangue "A" surgiu quando o homem deixou de ser caçador e dedicou-se à agricultura. O organismo teve então que adequar-se a uma dieta com muito pouca ou nenhuma carne. A pessoa obesa com sangue de tipo A começa a perder peso rapidamente quando elimina da sua dieta, a carne e outros alimentos prejudiciais. Ao mesmo tempo notará que sente mais dinamismo. De fato, as dificuldades que o seu sistema digestivo tem para processar a carne fazem com que esta acabe armazenada como gordura, além de estimular a retenção de líquidos. O leite e seus derivados tampouco são bem digeridos pelas pessoas com sangue de tipo "A". Além de alterar o funcionamento da insulina, é muito rico em gorduras saturadas, um perigo para o coração e podem conduzir à obesidade e à diabetes. O trigo e o pão não são alimentos proibidos para elas, mas devem ser ingeridos com muita prudência, já que um consumo excessivo faria com que seu tecido muscular se tornasse demasiado ácido. E finalmente, um legume que devem evitar são as favas, pois interferem com as enzimas digestivas e tornam mais lento seu metabolismo.

Entre os alimentos que mais estimulam para a perda de peso está o ananás ou abacaxi, pois favorece a evacuação intestinal, além de conter uma enzima, a bromelina, que potencializa o metabolismo e reduz o apetite. Há também o chá verde, que ainda exerce uma proteção muito efetiva contra o câncer e outras enfermidades, o azeite de oliva, as verduras em geral e os produtos de soja, pois ajudam o processo digestivo e melhoram o metabolismo. Os alimentos de soja ajudam na digestão e são facilmente assimilados. As verduras favorecem a evacuação intestinal e melhoram o metabolismo. O amaranto produz uma notável sensação de plenitude e, pelo seu alto conteúdo de minerais e vitaminas, pode substituir de uma maneira ideal a carne e os lácteos.

Os alimentos que emagrecem as pessoas do sangue tipo "A"

O azeite de oliva: evita a retenção de líquidos. Ajuda para que a digestão dos alimentos seja mais eficiente
Alimentos a base de soja: ajudam a digestão e são facilmente assimilados
As verduras: favorecem a evacuação intestinal melhorando o funcionamento do metabolismo.
O abacaxi/ananás: facilita a evacuação intestinal. Contem uma enzima, a bromelina, que ajuda o metabolismo e reduz o apetite.
O chá verde: estimula o metabolismo.

O amaranto: Produz uma notável sensação de plenitude. Pelo alto conteúdo de minerais, pode substituir de forma integra os produtos a base de carnes e lácteos.

Os alimentos que engordam as pessoas de sangue tipo "A".

A carne: não é bem digerida pelas pessoas com sangue de este tipo, pois provoca aumento de toxinas intestinais e acaba sendo armazenada como gordura. Podem comer carne de aves, mas em quantidades moderadas.

O leite e seus derivados: interferem nas enzimas digestivas, inibindo o metabolismo dos nutrientes, além do que excitam a secreção de insulina, que favorece o acúmulo de reservas em forma de gorduras.

As favas: do mesmo modo, interferem nas enzimas digestivas e atrasam o metabolismo.

O pão e outros produtos a base de trigo: quando consumidos em excesso, inibem a eficiência da insulina e fazem com que seja mais pobre a utilização das calorias.

Pessoas com sangue do tipo B.

Esta é uma outra mutação que ocorreu há milênios, quando o homem começou a dedicar-se ao pastoreio. Por isso as pessoas com sangue do tipo B podem assimilar perfeitamente o leite e seus derivados, algo que não conseguem as que têm sangue do tipo "O", e nem as do tipo "A". Não obstante, para elas o alimento mais nefasto é o frango, ainda que também devam evitar o milho, as lentilhas e os legumes em geral e deverão procurar diminuir o consumo de trigo e de seus derivados. Todos estes alimentos atrasam o metabolismo, dificultam a função da insulina e costumam terminar sendo acumulados em forma de gordura nos pontos menos convenientes. Entre os alimentos que estimulam a perda de peso estão os vegetais com folhas verdes, carne magra, o fígado e os ovos, assim como os produtos lácteos com pouca gordura. O chá de alcaçuz tem também efeitos emagrecedores nas pessoas com sangue do tipo "B", pois combate a hipoglicemia.

Alimentos que emagrecem:

Vegetais verdes: tornam mais eficiente o metabolismo e geram uma agradável sensação de plenitude.

A carne e os ovos: tornam mais eficiente o metabolismo, assim como os produtos lácteos com pouca gordura. O quefir ajuda na função intestinal e proporciona sensação de saciedade.

O abacaxi/ ananás: facilita a digestão e impede a retenção de líquidos.

Alimentos que as fazem engordar.

O milho: porque diminui a eficiência da insulina, causa a hipoglicemia e torna mais lento o ritmo metabólico.

As lentilhas: causadoras de hipoglicemia, torna mais lento o ritmo metabólico. Dificultam a assimilação dos nutrientes.

Os legumes em geral: não transmitem a sensação de estar saciado.

Os amendoins: tornam menos eficiente o metabolismo. z

O gergelim: diminui a eficiência da insulina e causa a hipoglicemia.

O trigo e seus derivados: tornam mais lenta a digestão e menos eficiente o funcionamento da insulina, armazenando os alimentos em forma de gordura.

O trigo sarraceno: causa hipoglicemia e torna mais lento o ritmo metabólico.

Pessoas com sangue do tipo AB.

Por conseqüência da herança dos tipos "A" e "B", as pessoas do tipo "AB" causam-lhes aumento de peso o milho, as variedades de feijão, assim como o trigo e seus produtos, já que inibem a eficiência da insulina e retardam seu ritmo metabólico. Entre os alimentos que favorecem uma perda de peso destacam-se a pinha, as algas marinhas, o peixe e as verduras de folhas verdes, pois todos eles melhoram a eficiência da insulina e aceleram ligeiramente o metabolismo dessas pessoas.

Alimentos que emagrecem pessoas com sangue do tipo AB.

Tofu peixe e verduras: tornam mais eficiente o metabolismo.
Algas marinhas: melhoram a produção de insulina.
O abacaxi/ ananás: melhora o funcionamento intestinal.
Leite e derivados: melhoram a produção de insulina.

Alimentos que as fazem engordar.

As carnes vermelhas: porque são digeridas com dificuldade e acabam armazenadas sob forma de gordura.

Qualquer tipo de feijão: diminuem a eficiência da insulina e lhes causam hipoglicemia.

O milho: faz tudo isso e ainda torna mais lento o ritmo metabólico. O mesmo acontece com o trigo.

A banana: é rapidamente transformada em gordura.

O guaraná

Incrementa o ritmo metabólico e acelera a combustão das gorduras. E' um excelente elixir na hora de combater a fadiga e a astenia. Ajuda a perder peso, sem reduzir a vitalidade. Não devem tomá-lo, porém, aqueles que são sensíveis à cafeína.

Coma tudo o que lhe agrada

Muitas vezes, para perder peso de modo definitivo, não são necessárias grandes mudanças na alimentação. É muito importante que desfrute a comida, mas aprenda a comer um pouquinho menos e a desfrutar mais. Esta simples regra irá levá-lo a uma importante mudança no seu estilo de vida que, além de tudo, será para sempre. Quando a um sábio oriental lhe foi perguntado se poderia resumir toda sua sabedoria numa frase, disse: «*Quando como, como e quando durmo, durmo*». Sem dúvida era um sábio magro, pois desfrutava ao máximo da sua comida e não via televisão.

EMAGRECER

Fome

Esta deveria ser a regra de ouro, não apenas de quantos desejem emagrecer, mas de todo aquele que queira permanecer saudável e desfrutar realmente da vida: Não comer nunca até estar realmente faminto. «*A desgraça do pobre é não ter comida para matar sua fome, a do rico é não ter fome para sua comida.*» As enfermidades que hoje grassam no mundo ocidental são quase todas enfermidades de ricos. Muitas delas se curariam sozinhas, se tivéssemos sido capazes de comer apenas quando tivéssemos sentido fome e se, ao comer, o fizéssemos com plena consciência, escolhendo cuidadosamente nossos alimentos e mastigando pelo menos 40 vezes cada bocado.

Ervas aromáticas

Para acrescentar melhor sabor aos alimentos, sem necessidade de exagerar no uso de azeite ou gorduras, agregue ervas aromáticas e especiarias. Assim pode, inclusive, conseguir sabores diferentes num mesmo prato.

O funcho (erva doce)

Este foi muito utilizado na Idade Média, especialmente nas épocas de fome e escassez. Em nossos dias, quase caiu no esquecimento, não obstante possua extraordinárias qualidades diuréticas e emagrecedoras, além de acalmar o apetite. Pode ser utilizado sob forma de chá; suas folhas podem ser consumidas em saladas ou cozidas dos mais variados modos.

A hipnose

As sugestões hipnóticas podem ser muito efetivas para consolidar o processo de emagrecimento, mudar os hábitos alimentares e as bebidas que estão nos prejudicando. Também pode estimular-nos a beber mais água e a praticar exercícios físicos. Pode ser uma ferramenta de enorme valor para libertar-nos de nossos maus hábitos (alimentares ou outros) e conseguir uma vida mais saudável e mais feliz. Como sempre, o problema é encontrar um bom profissional. Há que fugir dos charlatães e tampouco não é muito aconselhável procurar fazer auto-hipnose, ouvindo fitas gravadas. Tão importante ou mais que as palavras é a forma em que são pronunciadas, as sutis inflexões da voz no momento adequado, algo que apenas um profissional poderá fazer com perfeição.

O hissopo

Tomado em infusão, acredita-se que contribui muito favoravelmente para eliminar os depósitos de gordura corporal.

EMAGRECER

O humor

Uma das formas mais efetivas para que se evite comer quando não se deve fazê-lo, é recorrer ao humor. Reúna faixas de piadas verdadeiramente engraçadas (o que certamente não é fácil) vídeos e filmes cômicos para vê-los nesses momentos de depressão que podem acabar num excesso nocivo de comida. Além do mais, o riso, por si só, consome um número notável de calorias.

Infusões emagrecedoras

Tomar três xícaras ao dia de uma infusão de cabelos de milho, de dentes de alho, de uva ursa ou de cavalinha. Seu efeito diurético ajudará a eliminar o excesso de água acumulado no organismo.

O jogo

Se você tem filhos, jogue com eles; entretanto, jogos que requeiram movimento físico. Aos seus filhos, lhes encantará e, quanto a você, será beneficiado mais do que possa imaginar.

L-carnitina

É um aminoácido que recebemos pela carne (principalmente a de cordeiro ou carneiro), ainda que também seja produzida pelo organismo, sobretudo pelo fígado e pelos rins. Atua como um biocatalizador, ajudando a transportar os ácidos graxos através das membranas das células e a levá-los aos mitocôndrios, onde são queimados e convertidos em energia. Também ajuda a eliminar os produtos do dejeto dos mitocôndrios celulares, ao mesmo tempo em que incrementa a oxidação das gorduras no fígado, contribuindo para a geração de energia. Seu efeito sobre o metabolismo das gorduras está comprovado a tal ponto que o Physician's Desk Reference norte-americano (livro de referência dos médicos) recomenda uma dose entre 600 a 1200ml três vezes ao dia para o tratamento de algumas enfermidades do coração e de certas desordens relacionadas com o metabolismo das gorduras. A deficiência celular de L-carnitina gera sintomas como fadiga, debilidade muscular, obesidade e níveis elevados de gorduras e triglicérides no sangue. Testemunho de pessoas obesas que notaram uma grande ajuda ao tomar suplementos de L-carnitina são abundantes. Não é um complemento problemático, mas existem opiniões contraditórias a respeito de pessoas com problemas de fígado ou rins devam tomá-la. No momento, talvez o melhor fosse se absterem.

Limão

Cada manhã, ao levantar-se, tomar o sumo de um limão espremido e dissolvido num copo com água.

A macrobiótica

Este sistema de alimentação foi posto em prática por George Oshawa, no Japão, e baseia-se na busca do equilíbrio físico e emocional através de uma alimentação equilibrada. Divide os alimentos em Yin e Yang. Os alimentos Yang contêm uma energia *«quente»* tonificante e que contrai. Entre eles estão os cereais, o peixe, a carne, o sal, algumas raízes comestíveis etc. Por sua parte, alimentos Yin possuem uma energia *«fria»* dispersante e debilitante. Encontram-se entre eles o açúcar, o mel, os lácteos (leites, queijos e iogurtes), as frutas (sobretudo as tropicais) como a banana, o papaia, a manga, o abacaxi, o kiwi etc. e verduras como a batata, a berinjela, o tomate e a beterraba. O álcool também é Yin.

Entre as principais vantagens desta dieta está o fato de eliminar todos os produtos refinados como o açúcar branco, pão branco, os embutidos, os doces industriais, as bebidas alcoólicas, os refrigerantes gasosos etc. Recupera os cereais integrais e cultivados sem pesticidas como parte importante da dieta e introduz as algas marinhas, não como um condimento exótico, mas como uma parte importante do cardápio diário.

Manteiga

Evite sempre que possa o uso das manteigas e das margarinas, pois todas elas são ricas em gorduras parcialmente hidrogenadas. Além de engordar, são nocivas à saúde. Na hora de preparar um sanduíche unte-o com abacate amassado. Além de ser delicioso, o abacate acumula somente 25 calorias por colherada e 2,5g de gordura altamente monoinsaturada, em lugar das 100 calorias e 11g de gordura da manteiga.

Dieta da maçã

Recomendada para a desintoxicação do corpo e para prepará-lo a iniciar uma dieta longa e controlada. Com ela é possível baixar entre quatro e sete quilos numa semana. Devem ser tomados 2 litros de água por dia, no mínimo.

Primeiro dia:
Desjejum: as maçãs que lhe apetecerem.
Almoço: as maçãs que lhe apetecerem.
Jantar as maçãs que lhe apetecerem.

Segundo dia:
Desjejum: as maçãs que quiser.
Almoço: uma salada verde sem molho, apenas com limão ou vinagre, queijo cottage, pouco sal e dois litros de água durante o dia.
Jantar: as maçãs que queira.

Terceiro dia:
Desjejum: um pãozinho integral, um pedaço de presunto de peru e uma maçã.

Almoço:	uma salada verde abundante que inclua cenoura e aipo.
Jantar:	as maçãs que quiser.

Quarto dia:

Desjejum:	um pãozinho integral, um pedaço de presunto de peru e uma maçã.
Almoço:	salada de verduras ao vapor, sem batatas, atum natural ou caranguejo, temperar com limão.
Jantar:	um prato de arroz molhado numa xícara de leite desnatado.

Quinto dia:

Desjejum:	uma maçã, um ovo cozido e um pãozinho integral.
Almoço:	uma salada de verduras cruas e carne assada, a que lhe apeteça.
Jantar:	maçãs à vontade.

Observações:

O primeiro que diminui é o abdome e a cintura. Pode ser que às vezes saia um pouco de acne devido à desintoxicação e, em outras ocasiões, pode haver uma leve dor de estômago devido à mudança de alimentação. Depois de terminada a dieta devem-se evitar carne de porco e gorduras. Tomar, diariamente, um mínimo de oito copos de água e evitar bebidas gasosas, ainda que sejam indicadas pelo regime. Não praticar exercícios enquanto se faz esta dieta e evitar dormir muito.

O marroio

Existem numerosos testemunhos de pessoas que emagrece-ram tomando diariamente infusões dessa planta, também conhecida como *toranjil* em alguns países sul-americanos.

A maionese

Pode-se substituir a maionese, que normalmente se faz com ovo, por outra preparada com iogurte. Tem um sabor parecido e contém bem menos gordura.

Ir ao médico

Algo que qualquer pessoa com um problema real de obesidade deveria fazer antes de iniciar qualquer dieta ou programa de emagrecimento é visitar o médico. Se sente fome constantemente ou se tem dor de cabeça e se não come, pode ter um princípio de úlcera; ou o nível de açúcar deve ter baixado; ou há ocorrência de diabetes e desequilíbrio nas tireóides. Se tiver excessivo desejo de comer certos alimentos, talvez seu organismo tenha deficiência de algum nutriente neles contidos. Se, depois de comer certos alimentos, sente peso ou cansaço, pode padecer de alguma desordem digestiva, ter problemas de vesícula ou, inclusive, alguma alergia. Todas essas possibilidades devem ser descartadas antes de se incorporar mudanças drásticas nos hábitos alimentares.

EMAGRECER

A melhor dieta

A melhor dieta é não fazermos dieta, mas comer como queremos comer durante o resto da nossa vida. Comer para viver, não viver para comer. Escolha alguns dos conselhos incluídos neste livro que possam ser aplicados com facilidade. Siga-os e não complique mais a vida. Mudanças muito pequenas podem supor grandes êxitos. Se no seu desjejum costuma comer um *croissant* e, a partir de agora, o substitui por uma torrada, estará poupando 100 calorias ao dia - que em um ano serão cinco quilos! Muitas pessoas emagrecem simplesmente reduzindo pela metade seu consumo de pão.

Chá de melão

Refrescante e diurético; uma infusão dessa fruta agiliza as funções metabólicas e colabora com o emagrecimento O ideal é tomar duas xícaras em jejum ou ingerir um copo de suco de melão imediatamente após levantar-se. Para preparar o chá simplesmente lave e corte em cubos um quarto de melão, ferva a água, apague o fogo, deixe repousar a preparação e beba-a.

O método de Montignac

O princípio desta dieta é evitar comer gorduras e hidratos de carbono na mesma refeição. Tampouco se pode usar açúcar ou alimentos que a contenham. A fruta é permitida apenas no desjejum e não na sobremesa. Contempla estes sete grupos de alimentos:

Grupo. 1: Proteínas (carne, frango e peixe).
Grupo. 2: Hidratos de carbono e féculas (batatas, massa, arroz).
Grupo. 3: Legumes.
Grupo. 4: Verduras.
Grupo. 5: Frutas.
Grupo. 6: Frutos secos.
Grupo. 7: Gorduras.

O regime consiste em comer alimentos dos diferentes grupos, mas sem misturar uns com outros. Não devem misturar-se alimentos do grupo um com os do grupo dois. Os do grupo três tampouco devem estar juntos com os do grupo um. No início da dieta devem ser evitados totalmente os alimentos dos grupos seis e sete. Esta dieta deve ser seguida durante um mês, perdendo-se um quilo por semana. Não é aconselhável para pessoas com problemas cardiovasculares ou com níveis altos de colesterol.

EMAGRECER

A dieta da Nasa

Surgiu durante a época de esplendor dos vôos espaciais. É extremamente hipocalórica. Com ela pode-se perder até 10 quilos em duas semanas, mas também se pode morrer de fome durante 14 dias para, logo em seguida, recuperar rapidamente a perda, ao se regressar à alimentação habitual. Sob nenhuma hipótese deve ser realizada durante um tempo superior a duas semanas. É este o cardápio semanal:

Segunda-feira:
Desjejum: café apenas.
Almoço: três ovos cozidos com verduras e tomate.
Jantar: um filé médio de frango ou vitela na brasa com salada verde.

Terça-feira:
Desjejum: café ou chá.
Almoço: um filé de vitela médio na brasa com salada verde.
Jantar: sete pedaços finos de presunto cozido.

Quarta-feira:
Desjejum: café ou chá e uma torrada.
Almoço: uma salada de alface, aipo, tomate, aspargos e uma laranja.
Jantar: dois ovos cozidos, ou sob forma de omelete, cinco pedaços de presunto cozido e uma salada verde.

Quinta-feira:
Desjejum: café ou chá e uma torrada.
Almoço: um ovo cozido, três cenouras raladas e sete fatias de presunto cozido.
Jantar: salada de frutas variadas (laranja, pêra, morango, pinha, kiwi etc.) e um iogurte desnatado e sem açúcar.

Sexta-feira:
Desjejum: café ou chá, cinco fatias de presunto cozido e uma xícara de cenouras fervidas.
Almoço: duas postas de peixe cozido ou na brasa (de qualquer tipo) e uma xícara de cenouras fervidas.
Jantar: um filé de frango ou vitela grande, cozido ou na brasa.

Sábado:
Desjejum: café ou chá.
Almoço: um quarto de frango assado, sem pele e com limão, e uma salada verde.
Jantar: dois ovos cozidos e uma xícara de cenouras raladas.

Domingo:
Desjejum: café ou chá.
Almoço: um filé de frango ou vitela grande, cozido ou na brasa, e uma laranja.
Jantar: qualquer jantar dos dias anteriores.

Observações:
Recomenda-se tomar 2 litros de água por dia. Não se pode comer mais, nem menos, do que o indicado e tampouco se

pode substituir um alimento por outro. Podem ser tomadas todas as infusões que se deseje, sem açúcar. As comidas não podem ser temperadas com azeite, manteiga nem margarina; apenas podem ser usadas duas colheres de azeite de oliva por dia. Tomar todo o vinagre de maçã que se queira.

Não beber enquanto se come

Um truque que funciona é o de não beber nenhum liquido enquanto se come. Mastiga-se mais, a satisfação chega antes e é muito melhor do que quando empurramos a comida para baixo com algum líquido, inclusive, com a metade por mastigar ainda.

Use a panela de pressão

Para cozinhar verduras use a panela de pressão, pois conserva melhor os sabores.

A urtiga

Além de ser diurética e depurativa, a urtiga estimula ligeiramente o ritmo metabólico e pode combinar-se muito bem com outras infusões. E não apenas ajuda a eliminar os líquidos e as impurezas retidas, mas também é ideal para melhorar o aspecto do cabelo e deter sua perda.

Paciência

Se forem muitos os quilos que tem que perder, a chave é a paciência. Não estabeleça uma data limite. Quanto mais lenta for a perda e menos esforço lhe custe seguir o novo plano de vida e de alimentação, mais saudáveis e duradouras serão as mudanças. De vez em quando, felicite-se e premie-se pelo que já obteve.

As pipocas de milho

Prepare-as em casa. As que vendem nos cinemas são as que mais contêm gordura.

As uvas passas

Se o seu problema é dar a vida por um doce, pode começar a comer uvas passas, que são deliciosas, nutritivas e fáceis de levar a qualquer parte.

EMAGRECER

A dieta da massa.

Com esta dieta pode-se emagrecer entre cinco e seis quilos ao mês. Faça-a tal como é indicada, ainda que não seja excessivamente rigorosa quanto às quantidades de cada alimento. São seis dias da semana, ficando livre o domingo, quando se poderá comer livremente o que se deseja, ainda que sem abusar de gorduras e doces. É importante não usar açúcar nas infusões nem nos sucos.

Segunda-feira:
Desjejum: café ou chá e uma fruta da época.
No meio da manhã: um suco de laranja.
Almoço: uma porção de frango assado ou cozido e aromatizado com especiarias, acompanhado de verduras fervidas.
Merenda: suco de frutas.
Jantar: massa com alcachofras, fervidas e refogadas com verduras, ao forno.

Terça-feira:
Desjejum: bolachas com marmeladas sem açúcar e uma infusão de urtiga.
No meio da manhã: suco de frutas.
Almoço: uma porção de peixe (exceto crustáceos ou moluscos) assado ao forno, com água e especiarias, ou melhor, com sal e verduras ao vapor.
Merenda: suco de frutas.
Jantar: arroz integral com abobrinha e verdura fervida.

Quarta-feira:
Desjejum: infusão de ervas e fruta de época.
No meio da manhã: suco de fruta.
Almoço: queijo fresco desnatado e verdura ao vapor.
Merenda: suco de frutas.
Jantar: cuscuz com tomate fresco e cheiro-verde, acompanhado de verduras fervidas.

Quinta-feira:
Desjejum: pão torrado com uma infusão de funcho.
No meio da manhã: suco de frutas.
Almoço: uma porção de carne de vitela na brasa e verdura fervida.
Merenda: suco de frutas.
Jantar: massa com ervilhas e verduras ao forno.

Sexta-feira:
Desjejum: chá e fruta de época.
No meio da manhã: suco de laranja.
Almoço: uma porção de peixe assado e verduras ao vapor.
Merenda: suco de fruta.
Jantar: sopa de trigo com verduras e verduras ao forno.

Sábado:
Desjejum: biscoitos com marmelada sem açúcar e uma infusão de malva.
No meio da manhã: suco de laranja.
Almoço: coelho na caçarola e verduras fervidas.
Merenda: um suco de fruta.

Jantar: massa com alhos tenros refogados num pouco de azeite e verduras ao forno.

Para diminuir a barriga

As infusões de cabelo de milho, bardana e camomila são muito úteis para aplanar o ventre e desinflamar os intestinos. Uma combinação das três ervas é ótima e seus efeitos são notáveis, se tomada três vezes ao dia, durante o tempo em que se fizer qualquer das dietas descritas neste livro. Os abdominais também ajudam, mas por si só são incapazes de reduzir a barriga.

A passiflora.

Os flavonóides e os alcalóides desta planta propiciam o sono natural e lutam contra os estados de ansiedade. Não cria hábito nem dependência, pelo que pode ser utilizada para substituir os soníferos tradicionais. Por ser um excelente sedativo natural pode tomar-se habitualmente para que se evitem os momentos de ansiedade que costumam acompanhar muitas dietas drásticas. Não se lhe conhecem contra-indicações.

Os doces e bolos

Não coma; assim deixará de ingerir a gordura que leva a massa e a que foi absorvida da fôrma.

A dieta da batata

Lave um quilo e meio de batatas sem descascar e ponha-as a assar no forno, até que a pele esteja estalando. Uma vez cozidas, divida-as em seis porções, para comê-las ao longo da jornada. É melhor consumi-las ao natural, sem acrescentar-lhes sal, manteiga ou azeite. Acompanhe cada refeição com água e beba-a também fora das refeições, até chegar a completar uma dose de três litros ao dia. Não é aconselhável realizar esta dieta mais de três dias seguidos. Nos três dias se perdem aproximadamente três quilos. Se lhe é muito desagradável comer batatas o dia inteiro, pode reservar esta opção para o jantar, fazendo então uma cura de pelo menos duas semanas. Evite comer cereais e outros hidratos de carbono junto com as batatas. Outra variante consiste em comer cada dia, durante duas semanas, um quilo de batatas assadas ou fervidas ao vapor e condimentadas com um pouco de azeite ou manteiga, acompanhadas de 300g de carne magra na brasa (vitela, coelho ou frango). Esta dieta tem sido utilizada desde a Antigüidade para limpar o intestino.

Situações patológicas

Cerca de 5% dos casos de problemas de peso estão relacionados com transtornos metabólicos, que no geral têm a ver com o funcionamento das glândulas endócrinas (hipófises, tireóide, supra-renais etc.). Se você nota que seu peso aumenta consideravelmente, apesar de observar uma dieta saudável e comer com moderação, pode ser que esteja com algum transtorno deste tipo. Consulte um especialista em endocrinologia para sair das dúvidas.

A pavolina

As virtudes calmantes e sedativas desta planta devem-se aos alcalóides de suas pétalas. Além de facilitar o sono, acalma a tosse e as irritações de garganta e pode ser de grande ajuda quando as mudanças na alimentação produzirem alterações de sono. Não se lhe conhecem contra-indicações. Pode ser utilizada inclusive por crianças e idosos.

A pectina da maçã

É uma fibra alimentícia muito acessível e sua ação é totalmente mecânica. Tomada antes das refeições provoca saciedade, formando no estômago um gel saciante que não se assimila. Além do mais, captura parte dos açúcares e das gorduras dos alimentos e atrasa a absorção intestinal dos alimentos ingeridos. Deve-se preparar uma quantidade de 3g numa panela grande com água e tomar meia hora antes de cada refeição.

Pensar e atuar como «magro»

Alguns espertos em nutrição sustentam que, para emagrecer, deve visualizar-se, conceber-se e imaginar-se como uma pessoa magra, mas também pensar (em relação à comida) e comportar-se como uma pessoa magra. Segundo estes espertos, o caminho para o estômago não começa na boca, e sim, na mente. Dizem que a principal razão pela qual muitas pessoas mantêm-se invejavelmente delgadas não está radicada na natureza que as dotou de alguns bons genes ou de um metabolismo ideal, mas antes, porque treinaram sua mente para pensar na comida de um modo que as mantenha a salvo do sobrepeso. Consciente ou inconscientemente desenvolveram estratégias mentais para alimentar-se que funcionam e que pode ser aplicada a quem queira seguir seu exemplo. São pessoas que pensam «magro». Todas as pessoas, tanto as magras como as gordas, excedem-se vez ou outra com a comida, mas quem pensa magro tem alguns truques para vencer os aguilhões do desejo de comer. Estes são alguns deles:

1) *Distrair a mente*

Quando sentem a indevida vontade de comer adotam alguma atividade que lhes agrada fazer, mas que não pode

ser praticada enquanto se come como tocar piano, tecer ou pintar; ao final de 10 minutos é comum sumir a vontade de comer.

2) *Prestar atenção na alimentação*

Se come enquanto assiste à televisão ou completa umas palavras cruzadas, a pessoa que pensa ou age «magro» não comerá até que tenha acabado o programa de televisão ou terminado as palavras cruzadas, diz a doutora Nancy Rodriguez, professora de nutrição da Univ. de Connecticut.

3) *Comer com calma*

A pessoa que devora a comida come mais, porque a mensagem de que o estômago está saciado demora uns 20 minutos para chegar ao cérebro, explica a Dra. Rodriguez.

4) *Fazer da alimentação uma cerimônia*

Colocar um montão de massa sobre o prato e comê-lo rapidinho, não apenas é totalmente insatisfatório, como também leva a servir-se de mais comida, ainda que não tenha apetite. Organize seu prato de forma agradável, sinta que está comendo uma excelente refeição, não importa o quanto sejam pequenas as porções.

5) *Ser tolerante com você mesmo*

Pôr etiquetas em todas as comidas, muito além de certos limites, conduz a uma sensação de privação, quando se resiste à tentação de ingeri-las, e a um sentimento de fracasso, quando não se consegue. O resultado costuma ser o abandono do controle de peso.

6) *Permitir-se aventuras*

Ainda que as pessoas magras por natureza tampouco sejam condescendentes em excesso. "Quando algo é tão especial, que se recorda com prazer durante dias, se volte a ele com entusiasmo" poucas comidas entram nesta categoria.

7) *Cortar de início o excesso de peso*

A maioria das mulheres magras não calculam estritamente a quantidade de calorias que ingerem, mas têm um sentido da questão calórica. Pelo contrário, segundo uma investigação recente, as pessoas obesas tendem a subestimar as calorias na metade dos casos. A maioria das mulheres magras traz duas cifras gravadas em sua mente: o peso que consideram ideal e a quantidade de quilos que nunca se permitem exceder; e entre um e outro número não costuma haver mais de 2 ou 3 quilos de diferença. Quanto mais tarde, pior. *«As pessoas magras notam em seguida quando ganham um pouco de peso e imediatamente pisam o freio; assim, sempre levam pouco tempo para perder o excesso de quilos, porque nunca chegam ao ponto em que necessitem baixar demasiado»*, observa a especialista. Quanto mais tempo leva uma pessoa para emagrecer, mais se adapta fisiologicamente ao estar gorda, o que lhe resultará mais difícil perder peso, acrescenta a Dra. Nancy Rodriguez.

8) *Cuidado ao fazer compras!*

Se apenas pode pensar «magro» uma vez por semana, que seja no momento em que efetua as compras. Não compre com excesso. Nunca adquira comidas que engordem em grandes quantidades: *«uma vez que se abre uma embalagem de manteiga é muito provável que não se pare até terminá-lo, assim convém que compre volumes pequenos»*.

9) *A magreza, porém, não é só um estado da mente.*
Para consegui-la, o corpo deve manter-se em movimento. Muitas pessoas com excesso de peso consomem a mesma quantidade de calorias que gente magra, ainda que seu organismo não as queime porque são sedentárias. Tampouco, porém, faz falta matar-se no ginásio ou esgotar-se como se fora alguém que participará das olimpíadas. Um bom passeio diário costuma ser suficiente. Além do mais, o problema empoeira com o tempo, porque, à medida que envelhecemos, o ritmo metabólico cai e nossos músculos (que consomem calorias) encolhem-se; sem comer mais, acumulamos quilos. O exercício mantém tanto o metabolismo como a massa muscular.

Cães

Para aqueles que não realizam absolutamente nenhum exercício físico e custa-lhes um trabalho terrível sair para caminhar, adotar um cachorro costuma ser uma solução muito boa. Talvez você levante com o mesmo estado de ânimo de sempre e, quem sabe, sem vontade de fazer nada, mas quando o vê à sua espera, agitando o rabo, excitado e ansioso por sair para passear, você também se sentirá motivado a fazê-lo. Os cães estão tão cheios de energia e de entusiasmo pela vida que, sem querer, contagiam-nos. Levá-lo a passeio duas vezes ao dia será um prazer que fará por sua saúde mais do que o imagina.

Numerosos estudos relacionam os animais, especialmente os cães, com um menor índice de depressão. Igualmente se demonstrou que, entre os enfermos de câncer que têm cães, a evolução da enfermidade é muito mais benigna do que entre os que não os têm.

O peixe

Pode poupar-lhe algumas calorias se o preferir ao churrasco, e se, em vez de molho, servi-lo com rodelas de cebola e limão.

A dieta «Peso ideal»

Seus fãs chamam a essa dieta *«Reeducação alimentar»*, porque propicia a redução de gorduras e hidratos de carbono e o consumo variado e equilibrado de nutrientes naturais. Sobre esta base, impõe limites à ingestão de certas verduras: berinjela, cebola, abóbora, ervilhas, feijões verdes, nabo, beterraba, tomate, cenoura, e permite o consumo ilimitado de outras: acelga, espinafre, abobrinhas, cogumelos, rabanetes, aspargos, couve, pimentões, escarola, alface e endívias. Assim mesmo excluem certas frutas como a cereja, o melão, a banana, a melancia e as uvas, mas permite as demais, ainda que de forma limitada. Entre os alimentos absolutamente proibidos contam-se todos os doces, as bebidas alcoólicas e gasosas, o porco e seus produtos derivados,

as frutas secas, a batata, as massas, tanto a italiana como as de padaria, e o peixe azul ou de água salgada. Não obstante, inclui a ingestão diária de meio litro de leite desnatado ou dois iogurtes naturais, também desnatados, 20g de azeite ou 10g de manteiga, ou melhor, três colherinhas de maionese de baixa caloria, adicionando-lhe três colherinhas de mel. Entre os alimentos de ingestão limitada encontram-se o pão – 30g para as mulheres e 60g para os homens - e seus substitutos, limitados a duas vezes por semana; 90g de batata, ao forno ou cozidas, ou de arroz ou favas cozidas para as mulheres, e 120g de algum destes produtos, para os homens.

A Pimenta

Aqueles que apreciam sabores muito picantes, que aproveitem. Foi demonstrado que o consumo de pimenta malagueta, feijão chili, gengibre, pimenta caiena e outros condimentos muito picantes podem elevar a termo gênese até uns 40%, além de ter outros efeitos benéficos. Entretanto, cuidado! Seu abuso pode irritar as mucosas do tubo digestivo.

A pilosela

Esta planta é muito aconselhável em regimes de controle de peso que provoquem retenção de líquidos e também para tratar dos edemas, sendo um bom complemento na hora de reduzir a hipertensão arterial, pois elimina o sal excedente. É muito útil quando se segue qualquer dieta de emagrecimento, já que ajuda na depuração do organismo. Não devem, porém, abusar dela aqueles que costumam ter pressão baixa.

O piruvato

O produto emagrecedor natural mais recente chama-se piruvato. É uma das substâncias que interferem no metabolismo da glicose. Tomado enquanto se segue uma dieta de calorias reduzidas, o piruvato estimula a respiração celular e inibe o acúmulo de gordura. Um estudo clínico de 21 dias realizado pela Universidade de Pittsburgh, com um grupo de mulheres obesas submetidas a uma dieta líquida de mil calorias diárias, mostrou que a perda de gordura nas pacientes que tomaram piruvato foi 48% maior do que a experimentada pela que estiveram tomando um placebo. Benefícios adicionais: regulação do metabolismo, aumento da energia e da resistência física e um melhor funcionamento da insulina. As verduras e as frutas são boas fontes de piruvato. Uma maçã grande pode conter até 450mg. Tomado como complemento alimentício para estimular a perda de gordura, sua dose diária recomendada oscila entre três e cinco gramas. Não se lhe conhecem contra-indicações nem efeitos secundários.

O plantago

Sua mucilagem incha-se em contato com a água, por isso tem um efeito saciante e ajuda a reduzir as calorias ingeridas. Diminui a absorção de açúcares e gorduras e rompe o círculo vicioso produzido pelos laxantes clássicos. Ajuda a emagrecer sem causar fome, já que satisfaz e ao mesmo tempo diminui a absorção dos alimentos, além de absorver diferentes toxinas, evitando que sejam assimiladas pelo organismo. Exerce uma ação relaxante sobre as membranas intestinais irritadas. É, porém, conveniente evitá-lo, em caso de obstrução intestinal.

Os pratos

Utilize pratos um pouco menores. Inconscientemente sentirá que comeu mais, pois a quantidade de alimento servido parecerá um pouco maior.

A pele de frango

Retire sempre a pele do frango e de todas as aves. Nela se concentram não apenas a gordura, mas também as toxinas.

Os refrigerantes

Lembre-se de que as bebidas refrescantes contêm uma enorme quantidade de calorias. Se por algum motivo tiver de tomar alguma, faça-o muito devagar e em pequenos goles. Tais bebidas são habitualmente consumidas geladas, pelo que, em geral, realmente se desfruta apenas a primeira metade, que é a que acalma a sede. Rejeite a segunda metade, não a tome mecanicamente.

O alcaçuz

O alcaçuz (pau doce) pode ser uma boa solução para os momentos em que, sem ter realmente apetite, necessita-se mordiscar algo. Além das suas notáveis qualidades medicinais, seu sabor peculiar fará com que, pelo menos durante um par de horas, não lhe apeteça comer nada.

A rainha dos prados

Além do seu efeito diurético, esta planta é utilizada para tratar a celulite. Reduz os edemas e é antiinflamatória. Recomenda-se também em estados gripais fortes, por ter o efeito de baixar a febre. Pode tomá-la se quiser depurar seu organismo e melhorar o aspecto da celulite. Não se lhe conhecem contraindicações.

O relaxamento

O estresse incrementa os níveis de cortisona, hormônio que parece contribuir para o acúmulo da gordura na parte média do corpo. Inúmeras são as técnicas de relaxamento existentes. Aqui vão algumas. O mais simples é sentar-se num lugar tranqüilo e cômodo e tratar de manter, durante alguns minutos, a mente vazia, simplesmente observando a respiração, sem forcá-la e nem controlá-la. Observar como o ar entra nos pulmões e como sai, sem pensar em nada. Se vêm pensamentos, simplesmente observá-los também, mas sem deixar arrastar-se por eles, voltando a observar a respiração. Isso é tudo.

Os restaurantes

Algumas pessoas cometem a maioria dos excessos fora de casa. Nesse caso, antes de ir a um restaurante ou a uma festa em que se vai comer, é bom ingerir um copo grande de leite desnatado ou alguma fruta, ainda que seja muito mais drástico o efeito do farelo.

O riso

Segundo David S. Sobel, autor do livro «The Healthy Mind, Healthy Body Handbook» (Manual do Corpo e da Mente Sadios), o riso queima mais calorias do que correr. Será por isso que os gordos riem mais? Para queimar as calorias que lhes sobram?

O sal

A maioria das pessoas emagrece rapidamente, tão só esquecendo-se do saleiro. Quem consegue acostumar-se a não acrescentar sal aos seus alimentos descobre todo um mundo de sabores que antes estavam em grande parte ocultos pelo sal. Elimine da sua dieta os alimentos salgados por natureza. Evite os queijos, as carnes, e os peixes defumados ou conservados em lata. Esqueça-se das verduras em conserva, o chucrute, a manteiga salgada, as anchovas e o patê de anchovas, as alcaparras em salmoura e o sal de aipo.

Temperos de baixas calorias

Um tempero muito agradável, saudável e baixo em calorias para acompanhar as carnes e os peixes faz-se reduzindo o purê e alguns vegetais e temperando-os logo com tomilho, alfavaca e orégano.

O farelo de cereais

As pessoas acostumadas a comer em excesso podem tomar duas colheradas de farelo, 30 minutos antes das refeições, e logo ingerir 2 copos de água fria. Ao hidratar-se, o farelo irá trazer a sensação de estômago cheio, apesar de ter ingerido muito menos comida do que era habitual.

EMAGRECER

A dieta Scarsdale

Posta à prova pelo Dr. Tarnover, cardiologista norte-americano, esta popular dieta permite baixar até sete quilos em duas semanas, prazo que não deve ser ultrapassado. Há nela um forte predomínio da proteína animal, ainda que certamente não é tão restrita nem desequilibrada como as outras. Tem-se de afirmar ao seu favor que com ela não se passa fome. Este é o cardápio semanal:

Desjejum diário: Meia toranja, uma fatia de pão integral e café ou chá sem açúcar. Quatro dias por semana, também se pode comer uma fruta da temporada (maçã, pêra etc.)

Primeiro dia:
Almoço: sortido de frios, de qualquer tipo de carne sem gordura, salada de tomates fatiados, ou melhor, tomates grelhados ou cozidos ao vapor.
Jantar: peixes ou mariscos preparados sem gordura e uma fruta.

Segundo dia:
Almoço: salada mista de frutas.
Jantar: hambúrgueres sem gordura e salada de tomates, alface, aipo, couve de Bruxelas ou pepinos e azeitonas.

Terceiro dia:
Almoço: atum ou salmão em água ou azeite, mas bem escorrido, temperado com limão ou vinagre, e uma fruta da temporada.

Jantar: várias costeletas assadas de cordeiro e salada de tomates, alface, pepinos e aipo.

Quarto dia:
Almoço: dois ovos crus ou cozidos de qualquer forma e queijo dietético.

Jantar: abobrinha, feijões verdes ou tomates e uma fatia de pão integral.

Quinto dia:
Almoço: queijos sortidos, espinafre ao vapor ou cru e uma fatia de pão integral.

Jantar: peixes ou mariscos, uma salada composta de todos os vegetais que deseje e uma fatia de pão integral.

Sexto dia:
Almoço: uma salada mista de frutas.

Jantar: peru ou frango assado e salada de tomate e alface; fruta da temporada.

Sétimo dia:
Almoço: frango ou peru e salada de tomate, cenouras, repolho cozido, brócolos ou couve-flor; fruta da temporada.

Jantar: carne na grelha e salada de alface, pepino, tomate, aipo e couves de Bruxelas.

Recomendações:

Se sentir fome, pode comer bastõezinhos de aipo e de cenoura. Pode-se tomar apenas água, café ou chá sem açúcar, tanto nas refeições como entre elas. O álcool, as bebidas carbônicas, o leite e os sucos de fruta estão rigorosamente proibidos. As verduras, o peixe e a carne deverão ser cozidos sem azeite ou gordura. Nas saladas poderá ser usado azeite de oliva.

Dieta Scarsdale vegetariana

Devido ao grande êxito que teve sua dieta, o Dr. Tarnover logo desenvolveu algumas variantes, destacando-se a vegetariana que apresentamos a seguir. No fim estão incluídas receitas de alguns pratos.

Desjejum diário: toranja ou fruta da temporada, uma fatia de pão tostado, com marmelada de regime, chá ou café.

Segunda-feira:

Almoço: sopa de agrião ou de brócolis (ver receita), batata assada com queijo branco sem gordura e cebolinhas, 30g de soja, três nozes e uma maçã assada.

Jantar: dois pedaços de queijo com alface, fritada (ver receita), corações de alcachofra, pepino, rabanete, uma fatia de pão, melão, melancia ou laranja.

Terça-feira:
Almoço: salada de frutas, alface e aipo, uma fatia de pão com doce de regime.
Jantar: abóbora com noz e maçã (ver receita), hortaliças quentes ou frias, couve-flor, cenoura, tomate e quatro azeitonas.

Quarta-feira:
Almoço: tomate recheado (ver receita), abóbora com frutas e nozes ao estilo havaiano (ver receita), salada verde com tomate e uma fatia de pão.
Jantar: salada de aspargos ou brócolis gratinados. Abóbora com frutas e nozes ao estilo havaiano. Salada verde com tomate. Uma fatia de pão.

Quinta-feira:
Almoço: queijo branco de baixo teor de gordura com rabanetezinhos e pepinos, azeitonas e uma fatia de pão.
Jantar: berinjelas Scarsdale à parmegiana (ver receita), salada verde e uma fruta.

Sexta-feira:
Almoço: fatias de queijo sortidas, espinafre, uma fatia de pão, um pêssego ou uma pêra. *Jantar:* consome

de cebolas com *crutons*, hortaliças guisadas (ver receita), compota de maçã sem açúcar e 3 nozes.

Sábado:
Almoço: salada de frutas com queijo branco com baixo teor de gordura, alface e outras verduras de folha verde, uma fatia de pão.
Jantar: hortaliças com queijo na caçarola (ver receita) servidas com ½ xícara de compota ou purê de maçã sem açúcar e uma colherada de passas de uva; tomates em rodelas com alface.

Domingo:
Almoço: tomate recheado, sem arroz nem batata, batata cozida ou em purê com uma colherada de nata ácida e cebolinhas.
Jantar: Chow Mein com arroz (ver receita), salada de alface e tomate, pinha fatiada no seu próprio sumo ou em água.

Substitutos para o almoço ou o jantar: prato de hortaliças frias ou quentes, com uma batata assada com sal e cebolinhas (ou com uma fatia de pão tostado com doce de regime ou com 30g de soja.).

Só para o almoço: meia xícara de queijo branco com baixo teor de gordura, qualquer fruta cortada que deseje uma colherada de nata ácida e três nozes.

Receitas:

Sopa de agrião

Um maço de agriões lavados (pode ser também brócolis, repolho, escarola, espinafre etc.), uma xícara de iogurte desnatado, um envelope de sopa de cebola, sal, pimenta, uma xícara de água e duas rodelas finas de limão. Misturar todos os ingredientes, exceto a água e o limão. Despejar a mistura numa caçarola, acrescentar a água e os condimentos a gosto e levá-los ao ponto de fervura, mexendo. Servir bem quente, com rodelas de limão (serve duas pessoas).

Fritada

Duas cebolas médias, cortadas em rodelas finas, dois pimentões verdes, em rodelas finas, um dente de alho grande triturado, uma berinjela média descascada e cortada em cubos de dois cm, duas abobrinhas e média cortadas em rodelas de ½cm, cinco tomates médios descascados e picados, 1/4 de xícara de cheiro verde picado, duas colherinhas de sal. Pimenta a gosto. Meia xícara de azeitonas em rodelas. Recobrir a superfície da caçarola com spray vegetal. Saltear as cebolas, os pimentões e o alho, até que as cebolas fiquem ligeiramente douradas. Acrescentar os demais ingredientes, exceto o cheiro verde; tampar e cozinhar em fogo lento entre 25 e 30 minutos, até que os vegetais fiquem dourados, mas tenros. Misturar o cheiro verde e cozinhar entre 5 a 10 minutos mais, até que a mistura alcance a espessura desejada, revolvendo ocasionalmente. Acrescentar as azeitonas e servir quente ou frio (para quatro ou cinco pessoas).

Abóbora com noz e maçã

Uma abobrinha, meia colherinha de sal, uma maçã média picada, meia colherinha de suco de limão, cinco nozes picadas e uma colherinha de adoçante artificial. Esquentar o forno a 200º, cortar a abóbora pela metade e retirar as sementes, colocá-la numa assadeira com a parte cortada para baixo, derramar ½cm de água ao seu redor. Deixar 20 minutos no forno, tirar a água, pôr sal e rechear a abóbora com a mistura de maçã, nozes e suco de limão. Acrescentar o adoçante e deixar no forno por mais 10 minutos (para um ou dois pessoas).

Tomates recheados

Dois tomates grandes, meia xícara de arroz cozido, meia xícara de queijo americano, picado e ralado. Sal e pimenta a gosto. Cortar a tampa dos tomates e retirar-lhes a polpa. Misturar os ingredientes e rechear os tomates, deixando um pouco de queijo para decorar. Colocá-los numa fôrma pequena e assá-los entre 15 a 20 minutos no forno pré-aquecido (para duas pessoas).

Outros recheios

Um quarto de xícara de arroz fervido, meio pimentão picado, dois cogumelos em rodelas e salteados, 1/4 de xícara de queijo chedder picado (ou outro). 2- Meia xícara de milho cozido, polpa de tomate picado, meio pimentão picado. 3- Queijo branco sem gordura e nozes picadas, com salsa picada.

Aspargos gratinados

De seis a oito aspargos (pode ser também uma ou duas xícaras de couve-flor ou brócolis), 1/4 de xícara de queijo ralado ou picado, melhor se for sem gordura. *Crutons.* Preparar as hortaliças como de costume, derreter o queijo e despejá-lo sobre elas, colocando os *crutons* (para uma pessoa).

Abóbora com frutas e nozes à moda havaiana

250g de purê de abóbora, meia colherinha de sal, duas colheres de nata ácida, meia xícara de pinha em pedaços, meia xícara de gomos de laranja ou mandarina, seis nozes picadas ou inteiras e menta picada. Aquecer o forno. Bater o purê de abóbora com nata e sal, acrescentar os pedaços de pinha e os gomos de laranja. Colocar a mistura numa caçarola e esquentar no forno durante 15 minutos. Acrescentar as nozes picadas ou em metades e, por cima, distribuir as folhas de menta (para uma ou duas pessoas).

Berinjelas Scarsdale à parmesana

Uma berinjela cortada em rodelas de ½cm, 350g de molho de tomate, duas colheradas de salsa picada, duas colherinhas de cebolinhas picadas (ou uma de cebola ralada), quatro colheradas de queijo parmesão ralado, uma colherinha de sal de alho, um nadinha de pimenta, uma colherinha de orégano e 100g de queijo mussarela, cortado em oito ou dez rodelas finas. Pôr as rodelas de berinjela na água fervente, ligeiramente salgada, baixar o fogo e deixá-lo no mínimo durante 3 minutos. Escorrer a água e enxugar as rodelas com um pano de cozinha. Dourá-las de ambos os lados numa caçarola com spray vegetal. Misturar o molho de tomate, a salsa, a cebolinha, o queijo parmesão, o sal de alho, a pimenta e o orégano. Cobrir a base de uma fôrma mediana com um pouco de molho, colocar as rodelas de berinjela, acrescentar um terço da mussarela, cobrir novamente com molho, berinjela e queijo, em sucessivas camadas. Por último, cobrir com uma camada de molho e polvilhar o queijo parmesão; cozinhar no forno pré-aquecido durante 35 minutos (de duas a quatro pessoas).

Hortaliças guisadas

Uma xícara de cebola picada, meio quilo de tomates, uma colherinha de sal, um pingo de adoçante, um nadinha de pimenta, meia xícara de batata crua em cubos ou meio quilo de soja meio cozida, meia xícara de ervilhas frescas, meia xícara de cenouras em rodelas e queijo parmesão ralado (opcional). Recobrir a superfície de uma caçarola com spray vegetal e refogar as cebolas até que fiquem transparentes, mexendo para que não grudem. Pelar os tomates, introduzindo-os com um garfo na água fervendo, deixá-los esfriar um pouco e retirar-lhes a pele.

Amy Wilkinson

Cortá-los em oitavos e colocá-los, com sal, edulcorante, a pimenta e as cebolas, a cozinhar em fogo lento durante 20 minutos. Acrescentar as batatas (ou a soja meio cozida), as ervilhas e as cenouras, tampar e cozinhar 20 minutos mais, até que fiquem tenros. Servir polvilhados com queijo parmesão se quiser (para duas ou três pessoas).

Hortaliças com queijo na caçarola

Duas xícaras de vegetais cortados, cozidos, misturados a sua escolha entre favas, milho, cenoura, ervilhas, couve-flor, couve de Bruxelas, brócolis, aipo, alho porro, abóbora etc. (Podem ser usadas hortaliças em lata, escorridas.), quatro castanhas cortadas, meia xícara de queijo branco sem gordura, 30g de queijo sem gordura, ralado, *crutons* despedaçados e salsa picada. Colocar as hortaliças cozidas e escorridas numa pequena caçarola com spray vegetal. Derramar o queijo branco sobre as hortaliças; a seguir espargir o queijo ralado misturado com os *crutons* despedaçados. Aquecer no forno entre 20 e 25 minutos ou até que esteja dourado e borbulhante. Acrescentar a salsa e servir com meia xícara de purê de maçã sem açúcar, misturado com uma colherada de passas de uva (para uma pessoa).

Chow Mein

Podem ser usadas algumas ou todas, entre as seguintes hortaliças (ajustar as quantidades em proporção): ¼ de xícara de amêndoas cortadas, 1 cebola em rodelas finas, 1 xícara de aipo cortado em rodelas diagonalmente. Escolher entre: ½ xícara de brotos de bambu, 1 nabo branco pequeno cortado em tiras finas, meio pimentão verde cortado em dados, uma pitada de gengibre em pó. Escolher entre: uma xícara de ervilhas frescas ou em lata escorridas, ¼ de quilo de cogumelos cortados, uma colherada de maisena, uma xícara de água, duas colheradas de molho de soja, tiras de pimentão e uma xícara de arroz cozido. Recobrir uma caçarola com spray vegetal e saltear as amêndoas com um pouco de sal até que estejam tostadas. Retirar as amêndoas, colocar a cebola cortada e cozinhar dois minutos em fogo lento. Acrescentar o aipo, os brotos de bambu, o nabo, o pimentão e o gengibre e cozinhar por dois minutos em fogo lento. Acrescentar as ervilhas e os cogumelos, e novamente cozinhar por dois minutos. Dissolver a maisena com água e colocar nas hortaliças com o molho de soja, cozinhar tudo junto em fogo lento entre oito e dez minutos. Acrescentar as amêndoas e chegar ao ponto, a gosto. Servir sobre arroz quente e decorar com as tiras de pimentão (para três ou quatro pessoas). *Os crutons* - Cortar um pedaço de pão integral em 30 cubos ou mais e pô-los ao fogo forte numa frigideira com spray vegetal, até que fiquem dourados ou tostados. Acrescente-lhes sal.

Nada depois das 6.

E m alguns países asiáticos é muito popular a dieta de «nada depois das seis». Quer dizer, durante o dia, pode-se comer o que quiser, mas é totalmente proibido comer qualquer coisa depois das 6h da tarde. Simplesmente, no caso, trata-se de adiantar um pouco o jantar. Vai ser difícil observar um truque tão simples, tão saudável e tão extraordinariamente efetivo.

Comer sentado

Coma sempre sentado e no mesmo lugar da mesa. Se não pode resistir à tentação de comer algo entre as refeições, sente-se no referido lugar e coma devagar, mastigando bem e consciente de cada bocado. Não mantenha a vista comida para lambiscar. Quando sentir apetite, obrigue-se a sentar e a utilizar colher ou garfo.

O truque do sétimo dia

Há quem aconselhe escolher cuidadosamente o regime alimentício de longa duração que melhor se adapte aos nossos gostos e possibilidades e segui-lo durante seis dias da semana e deixar o sétimo para comer exatamente tudo o que quiser. Nesse dia estão permitidas as batatas fritas os doces, a pizza, os hambúrgueres com toucinho, enfim, tudo. Isso torna a dieta muito mais suportável, pois elimina grande parte da tensão e do estresse que toda dieta produz.

EMAGRECER

O xarope de seiva de bordo

Esta dieta baseia-se num concentrado de proteínas, hidratos de carbono e minerais que propicia a eliminação de toxinas e ajuda o organismo a regenerar-se. É uma espécie de semi jejum ou cura depurativa que ataca diretamente os depósitos graxos. São coadjuvantes uma pré-dieta e uma pós-dieta de três dias de duração, a que se soma o xarope de seiva com laranja, pão e arroz integral, fruta e caldo de verduras. Segue-se a dieta entre sete e dez dias, durante os quais se perdem entre cinco e sete quilos de peso. Não é aconselhável para crianças, grávidas, diabéticos nem hipotensos. Deve-se tomar o preparado do xarope de seiva (dois litros de água mineral, catorze a dezesseis colheradas de xarope de seiva de bordo e palma, o sumo de quatro a cinco limões, uma colherinha de canela e uma pitada de caiena picante), água e todo tipo de tisanas, exceto de chá e café. Durante os sete ou dez dias que perdure esta dieta, ingerir, diária e exclusivamente, de oito a dez copos do preparado especial de xarope de seiva. Sua dosagem também está regularizada tanto na pré como na pós-dieta. No caso da pré-dieta, toma-se ½ litro no 1º dia, ¾ no 2º e um litro no 3º; enquanto que a pós-dieta requer um litro no 1º dia, ¾ no 2º e ½ litro no 3º. A primavera e o outono são as melhores estações para prestar-se aos seus saudáveis efeitos. Convém completá-la com uma caminhada de meia hora por dia. Durante a dieta é proibido ingerir café, chá, medicamentos ou suplementos vitamínicos. De fato, os consumidores habituais de álcool, tabaco e fármacos costumam reagir negativamente à cura. Os quilos perdidos não se recuperam se for mantida uma alimentação natural e equilibrada. Além do mais, esta dieta depurativa reduz o colesterol, e seu aporte energético provoca vigor e euforia. Entre seus inconvenientes está o fato de ser um pouco cara e de o limão poder afetar aqueles que tenham déficit de glóbulos brancos, caso em que se recomenda a substituição por laranja.

Evitar a solidão e o aborrecimento

Uma pesquisa realizada nos Estados Unidos mostrou que uma boa porcentagem de mulheres com excesso de peso não comia por ter fome, mas por aborrecimento ou porque se sentia só. O vazio que a solidão e o aborrecimento traziam à sua vida o preenchiam com comida! É muito importante sair dessa rotina que, ademais, termina sempre em depressão, estimulando o excesso. Na lista de atividades propostas para evitar a rotina macabra estavam associar-se a algum clube, adquirir um hobby, dar um passeio, filiar-se a um ginásio, convidar uma amiga, limpar os armários, dar banho no cachorro, enviar e-mails, ler um bom livro, fazer uma lista das coisas pendentes por fazer e rezar. Se vê que está sendo vencido pelo aborrecimento, não abra a porta da geladeira, mas a da rua. Neste caso, não se preocupe em fazer exercício ou realizar alguma atividade «prática» - simplesmente, faça algo que lhe agrade, ainda que seja apenas olhar vitrinas ou ir ao cinema.

EMAGRECER

Dieta da sopa

Esta dieta foi elaborada num hospital americano para pessoas com enfermidades cardíacas e com excesso de peso, que necessitavam perder peso antes de submeterem-se a uma cirurgia. Tinham de comer durante sete dias unicamente o que prescrevia a dieta para perder de quatro e meio a sete quilos, suprimindo o álcool, a farinha e derivados, os doces e as bebidas com gás. A sopa serve para evitar a fome, já que acalma a ansiedade. Esta dieta não pode ser feita por pessoas com diabetes, nem pelos que sofrem de insuficiência renal crônica; portanto, é importante consultar um médico, antes de submeter-se a ela.

Ingredientes: dez litros de água, seis cebolas grandes, dois pimentões verdes, duas latas grandes de tomate natural ou seis tomates sem pele, um ramo de aipo, um repolho ou couve, sal e pimenta. Pica-se tudo e põe-se a ferver em fogo lento; quando as verduras já estiverem cozidas, passa-se pelo liquidificador e guarda-se para tomar fria ou quente, como preferir.

Primeiro dia: tomar apenas sopa e frutas frescas, exceto bananas. As bebidas devem ser sucos naturais, café ou água.

Segundo dia: verduras frescas cozidas ao vapor durante o dia, junto com a sopa. À noite pode-se comer uma batata assada.

Terceiro dia: comer frutas, verduras e a sopa. Não comer bananas, nem batatas. Ao final do 3º dia,

	deve-se ter perdido entre 1,5 e 3k, dependendo da constituição física.
Quarto dia:	tomar apenas sopa e leite desnatado, deste último o quanto lhe apeteça, e comer o mínimo de três bananas.
Quinto dia:	agora já se pode comer carne de vaca ou peixe, entre 125 a 250g, e seis tomates frescos sem pele. Beber muita água e tomar sopa ao menos uma vez.
Sexto dia:	sopa pelo menos uma vez, dois ou três filezinhos de carne e qualquer verdura que se deseje.
Sétimo dia:	sopa pelo menos uma vez, arroz integral, verduras e sucos de fruta.

Suar

Procure suar cada dia pelo menos durante 10 minutos. Se puder tomar uma sauna ou banho de vapor, excelente. Caso contrário tome um banho em que a temperatura da água seja um pouco mais elevada que a do corpo humano. Enquanto permanecer imerso na água, massageie o corpo apertando fortemente a pele com os dedos: ajuda a fragmentar e a dissolver a celulite dos tecidos. A massagem é totalmente necessária, já que o vapor e o calor por si sós não eliminam nada. Se realizar isto a cada dia, logo começará a notar os resultados. Não é conveniente permanecer suando muito mais de 10 minutos, para evitar a perda de elementos nutritivos através da pele e também a

posterior sede excessiva. Se nesse momento tiver necessidade de tomar água, faça-o em pequenos goles e apenas até acalmar a sede.

A superdieta

É uma dieta rápida, hipocalórica, baseada também na interação química dos distintos alimentos. Deve-se comer a quantidade de comida indicada e não incluir nenhum alimento a mais. Recomenda-se segui-la apenas durante quatro dias.

Primeiro dia:
Desjejum: meia laranja e uma xícara de café preto ou chá.
Almoço: dois ovos cozidos e meia xícara de feijão.
Jantar: carne grelhada, alface, um tomate e uma maçã pequena.

Segundo dia:
Desjejum: meia laranja e uma xícara de café preto ou chá.
Almoço: abóbora, feijões, couve-flor e compota de maçã, meia xícara de cada.
Jantar: um peito de frango assado, alface e 200g de suco de tomate.

Terceiro dia:
Desjejum: meia laranja e uma xícara de café preto ou chá.
Almoço: um hambúrguer assado, salada de alface e aipo, uma maçã pequena.

Jantar: um peito de frango assado, meia xícara de feijão e 200g de suco de ameixa.

Quarto dia:
Desjejum: Meia laranja e uma xícara de café preto ou chá.
Almoço: Dois ovos cozidos, meia xícara de feijão e 200g de suco de tomate.
Jantar: Carne grelhada, alface, dois tomates, 200g de suco de tomate e uma fatia de melão.

Recomendações:
Os alimentos em que não se indica a quantidade deverão ser tomados em porções normais. A carne e os vegetais devem ser temperados só com limão e sal. Deve-se retirar a pele do frango. Beba pelo menos cinco copos de água por dia: um antes de cada refeição, um à tarde e um antes de deitar-se.

A dieta do chá vermelho

O chá vermelho que, durante séculos, foi patrimônio exclusivo dos imperadores chineses, é utilizado, neste caso, como complemento de uma dieta variada, fácil de levar e baixa em calorias; em cinco dias permite perder até três quilos. Tomar quatro xícaras de chá vermelho por dia (desjejum, almoço, merenda e jantar) - é o ingrediente estrela de uma dieta rica em hidratos de carbono (arroz, massa, legumes e pão integral) e vegetal, junto com um consumo restrito de proteínas, à base de peixe e ovos). Os alimentos permitidos são: frutas, legumes, verduras, massa arroz, peixe, ovos e pão integral. E os proibidos: açúcar, carne, doces, gorduras, lácteos, banana, figo e uva.

Desjejum: uma xícara de chá vermelho com suco de laranja ou uma fruta; uma torrada de pão integral ou duas barrinhas de musli.

Almoço: salada de massa fria, salada de arroz, arroz com verduras ou arroz à cubana e tortinha francesa. Completa-se com uma fruta e uma xícara de chá vermelho.

Merenda: uma xícara de chá vermelho.

Jantar: salada, sopa de arroz com peixe grelhado e alface, salada de lentilhas com verdura ou salada de massa fria com hortaliças. Completa-se com uma fruta e uma xícara de chá vermelho.

Recomendações:

As verduras devem ser cruas ou fervidas com suco. Junto ao seu poder emagrecedor, o chá vermelho acelera o metabolismo do fígado, favorecendo a redução da gordura corporal e do colesterol. É depurador, desintoxicante e antidepressivo; estimula também as secreções digestivas, facilitando a digestão dos alimentos gordurosos. O cardápio desta dieta é escasso em proteínas, pelo que, prolongá-la por mais de cinco dias, pode gerar carências. Além do mais, o chá interfere na absorção do ferro, limitando a assimilação deste mineral. Não devem seguir esta dieta as crianças, as gestantes, nem pessoas submetidas a um tratamento médico continuado. Tampouco aqueles que tenham alterações do ritmo cardíaco. Igualmente não é recomendável em situações de úlcera, anemia, insônia ou nervosismo.

Assistir menos televisão

No mundo ocidental, a maioria das pessoas passa uns 40% do seu tempo livre sentadas diante da televisão, quer dizer, entre 15 e 18 horas por semana. É um hábito compreensível, já que ver televisão é muito fácil e aparentemente relaxa. Não obstante, o fato real é que todas as investigações realizadas demonstram que, depois de ver a telinha, estamos menos relaxados e bastante mais cansados do que antes. As razões são muitas e vão desde a má qualidade dos programas até um ligeiro sentimento de culpa por ter perdido o tempo de falar com um amigo, tocar guitarra, fazer um exercício, ler um bom livro ou simplesmente dormir. Também está demonstrado que existe uma relação direta entre as horas de televisão e a obesidade. Uma investigação realizada recentemente na Universidade de Minnesota, em Minneapolis, mostrou uma relação direita entre a obesidade da pessoa e dois fatores muito distintos: a freqüência em visitar os restaurantes de comida rápida (leia-se comida lixo) e as horas passadas diante da televisão. Os biscoitos, a batata frita e a cerveja que tomamos vendo a telinha parece que vem armazenar-se diretamente nesses pontos que sabemos, e o pior é que os

consumimos sem sequer dar-nos conta, quer dizer, sem desfrutá-los. Uma boa solução é assistir programas, não à televisão. Quer dizer, selecionar previamente aqueles programas que desejamos ver e limitar-nos a eles. Nos Estados Unidos estão à venda vários dispositivos para «racionar» as horas de televisão. Uma vez esgotadas as horas semanais que foram programadas, o aparelho desliga e não há maneira de voltar a conectá-lo até a semana seguinte.

Não ver televisão durante as refeições

Um dos hábitos mais nefastos e mais disseminados é comer vendo a televisão. Não apenas impede a comunicação e deteriora a convivência familiar, arruinando o único momento em que a família está reunida, como, além do mais, nos deixa menos conscientes do que estamos realizando, impede-nos de desfrutar plenamente os sabores e as sensações dos alimentos, faz-nos comer mais depressa e em quantidade maior do que o necessário; e, como se tudo isso não fora pouco, degrada lamentavelmente um instante que devia ser mágico.

Recipientes de teflon

Vale a pena cozinhar em recipientes de teflon, assim os alimentos não grudam e precisarão de menos gordura.

Aproveitar-se da termo gênese

O processo pelo qual o organismo consome energia para manter a temperatura adequada é conhecido como termo gênese. É uma das principais formas pelas quais ele queima a gordura e uma função natural do metabolismo que se pode estimular com certos alimentos, expondo-nos a baixas temperaturas, ou mediante exercícios físicos. Nosso corpo contém dois tipos de células graxas: a gordura escura, metabolicamente ativa, que representa cerca de 1% do total da massa corporal, e a gordura branca, metabolicamente inativa, que basicamente cumpre funções de armazenamento de energia. A termo-gênese afeta as células graxas escuras, que contêm uma grande quantidade de fibras nervosas simpáticas, capazes de liberar o neurotransmissor noradrenalina. Precisamente esta substância é que desencadeia a termo-gênese, ativando a triglicéride lipasa, que decompõe a gordura branca armazenada, permitindo sua combustão, a fim de produzir energia. O efeito ioiô das dietas intermitentes pode limitar permanentemente a capacidade da gordura escura para reagir diante da noradrenalina, reduzindo-se, assim, o nível da termo-gênese e fazendo que a perda do peso se converta numa empresa difícil, se não impossível. A redução na termo-gênese não apenas diminui a combustão de gordura, mas, ao mesmo tempo, gera apetite, o que, por sua vez, pode levar a um novo aumento de gordura corporal. Uma das ervas que mais estimula a termo-gênese é a efedra, já mencionada, pois seu ingrediente ativo, a efedrina, estimula os betarreceptores situados nas células de gordura.

EMAGRECER

Dieta ou cura das uvas

Esta dieta está programada para um máximo de cinco dias e um mínimo de três; estima-se que produza a perda de um quilo por dia. É recomendável para pessoas que não realizam exercício físico e consomem excessivas calorias na sua alimentação.

Deve-se consumir até um quilo e meio de uvas ao dia, distribuído em duas ou três vezes, e também ir tomando suco durante todo o dia, preparado misturando-se meio litro de suco de uva com água mineral, preferivelmente sem gelo. Seu alto conteúdo em potássio faz com que a uva seja excelente para enfermos cardíacos, pessoas que tomam diuréticos químicos ou que tomam regularmente laxantes, pois ajuda a eliminação de líquidos, favorecendo o desaparecimento da sensação de peso e o inchaço. A pele da uva contém antioxidantes naturais e substâncias com uma ação estimulante da circulação, que contribuem para melhorar a oxigenação de todas as células do corpo. A uva contém também um tipo especial de glicose que limpa o fígado, facilitando sua função de drenagem das toxinas. Por seu efeito depurativo, favorece também o bom estado da pele e, pelo seu elevado aporte energético, permite seguir com o trabalho habitual. Seu grande efeito mineralizante e antioxidante combate a fadiga, ainda que o ideal fosse fazer coincidir a cura com alguns dias de descanso ou com o fim de semana. É importante lavar bem as uvas e comê-las com a pele. Mastigando-as bem, nos sentiremos mais saciados e aumentaremos sua digestibilidade. O fato de tomar abundante suco de uva ajuda a potencializar seu efeito diurético. É uma cura ideal para ser feita nos primeiros dias do outono, já que limpa o organismo e prepara-o para melhor afrontar o inverno (muitas pessoas já observaram que se resfriam menos). Esta dieta não é recomendada para os diabéticos, por causa de seu elevado conteúdo de hidratos de rápida absorção.

Variedade

A variedade é muito importante. Por exemplo, se, devido ao seu trabalho, deve muitas vezes comer fora, não peça sempre saladas ou pratos vegetarianos, pois acabará enjoando deles. De vez em quando selecione um prato que lhe agrade, coma uma porção razoável e procure logo contrapor seu efeito durante os dias seguintes.

Vinagre de cidra

Tomar, antes de cada refeição, duas colheradas de cidra diluídas em água.

A visualização

Sabe-se desenhar ou pintar, ou se conhece alguém que possa fazê-lo, dê a essa pessoa uma foto sua e diga-lhe que lhe faça um esboço de tamanho não maior ao de um selo postal, onde apareça com o aspecto que teria ao alcançar o peso ideal. Faça fotocópias do referido desenho e ponha uma na sua carteira, outra na geladeira e em distintos pontos da casa. Olhe-as com tanta freqüência quanto possível. Se não puder conseguir esse desenho,

EMAGRECER

utilize a visualização. Construa mentalmente uma imagem de como você deveria ser e observe-a com freqüência, especialmente no momento de deitar-se. Procure evitar qualquer desejo ou emoção nesses instantes. Simplesmente visualize a referida imagem com todos os detalhes.

Dieta do bem estar

Foi criada nos Estados Unidos por Barry Sears. Estar é desfrutar do bem-estar, sem enfermidades e com a saúde ótima, quer dizer, é o estado metabólico em que o corpo e a mente funcionam com o máximo da sua eficiência. Esta é uma dieta equilibrada, onde os hidratos de carbono, as proteínas e as gorduras estão rigorosamente controlados dentro de cada refeição. Esta dieta nasceu como oposição àquelas ricas em hidratos de carbono que provocam uma superprodução de insulina. O excesso de insulina provoca decréscimo do nível de açúcar no sangue, transformando-o em gordura e, ao mesmo tempo, bloqueando o acesso às reservas, o que, em última instância conduz à enfermidade. Com esta tem-se mais fácil acesso às reservas da gordura acumulada como fonte de energia, o que gera uma maior concentração mental e um melhor rendimento físico. Nesta dieta, aconselham-se realizar cinco refeições ao dia, duas delas muito ligeiras, nunca passando mais de quatro ou cinco horas sem comer, já que o contrário dispara a taxa de insulina e altera os níveis de açúcar no sangue. São os seguintes os alimentos recomendados:

Hidratos de carbono:
Seu benefício depende da sua velocidade em ingressar na corrente sangüínea (seu índice glicêmico). Da velocidade com a qual são transformados em glicose, dependerá a maior ou menor secreção de insulina. Devem ser evitados alimentos com alto índice glicêmico, isto é, que aumentem muito rapidamente os níveis de insulina, como o açúcar refinado, o mel, a glicose, o pão branco, as batatas, todos os cereais, as massas e os produtos feitos com farinha branca (refinada). Pelo contrário, devem ser ingeridos os de absorção mais lenta e que se encontram nas frutas, legumes, verduras e cereais integrais, pois as fibras tornam mais lenta a absorção de açúcares e gorduras.

Proteínas.
Dentre as vegetais temos: o tofu, o glúten, a alga espirulina, a levedura de cerveja, os germens de lentilha ou de soja e todos os legumes (soja, lentilha, grão-de-bico, feijão, ervilha etc.). Entre as proteínas animais recomendadas estão às carnes de frango, peru e coelho, assim como os peixes azuis (de água salgada) e o magro do presunto. Se puder, tome iogurtes e leites fermentados, mas não o resto de produtos lácteos integrais, como os queijos. Evitar as carnes vermelhas. Pode-se também utilizar proteínas em pó.

Gorduras.
São obtidas do azeite de oliva, das azeitonas ou da maionese.

Exemplo de cardápio:

Desjejum: Torradas de pão integral com presunto doce ou serrano (sem gordura) e café com pouco pó. Dois iogurtes desnatados ou kefir, com musli (não açucarado) e café ou chá vermelho.

No meio da manhã e no meio da tarde: Uma fruta (pêra, maçã) e cinco amêndoas ou avelãs; ou uma sobremesa de soja e frutas secas; ou então uma barrinha de regime, sempre que sua proporção de proteína esteja entre 50% e 100% de hidratos de carbono. *Almoço/jantar:* Uma proteína (130g de peito de frango, 120g de peito de peru, um hambúrguer de frango ou peru, 140g de atum, 180g de salmão, 180g de merluza etc.), mais um hidrato de carbono (couve, couve-flor, brócolis, feijões verdes, tomate, alface) e qualquer fruta.

Gordura: Doze azeitonas ou quatro colheradas pequenas de maionese light ou uma colherada e meia de azeite de oliva.

Observações:

Nesta dieta, a única necessidade é manter em todas as refeições um equilíbrio entre proteínas, hidratos de carbono e gorduras.

Conclusão

Nos casos mais graves é necessário um tratamento integral que garanta uma perda de peso em longo prazo e de forma progressiva, levando-se em conta todos os fatores indicados, como o excesso de peso que tem a pessoa, seu tipo de alimentação, o nível de atividade física, sua motivação para cumprir o tratamento etc. Como sempre, o melhor é ater-se ao senso comum. De qualquer forma, mudanças simples, como as relacionadas neste livro, farão com que melhore não apenas a sua silhueta, como também a sua saúde. De modo resumido, podemos aconselhar:

- Escolher alimentos com pouca gordura;
- Evitar o consumo de açúcar;
- Distribuir a alimentação em cinco refeições ao dia: desjejum, meio da manhã, almoço, merenda e jantar.
- Não alterne períodos de jejum com comidas abundantes;
- Coma devagar e mastigue muito bem os alimentos.
- Diminua o consumo de carnes vermelhas e aumente o de peixes.
- Consuma verduras e hortaliças em abundância.
- Coma várias frutas ao dia.
- Beba entre 1,5 a 2 litros de água por dia.
- Evite ou limite o consumo de alimentos fritos ou cozidos com excesso de gordura.

E lembre-se: toda mudança drástica na alimentação tem conseqüências negativas sobre o sistema digestivo e muitas vezes sobre a saúde em geral. É curioso como levamos em conta este princípio com as crianças e inclusive com os animais, mas não o aplicamos a nós mesmos (as caixas de comida para cães e gatos advertem que se comece gradualmente, misturando com o alimento anterior). É muito importante que toda mudança dietética seja paulatina. Por isso, na maioria dos casos, as dietas drásticas não têm efeito duradouro. O único meio efetivo de perder gordura e não voltar a recuperá-la é ingerir uma boa nutrição durante toda a vida, evitando os açúcares processados, os hidratos de carbono refinados, o excesso de gorduras. Quando puder, procure alimentos integrais. Também não se esqueça de que é necessário realizar exercício físico, ainda que seja tão-somente caminhar.

Índice por temas

Dietas

A antidieta	19
A celulite, dieta anticelulítica	35
A dieta «Peso ideal»	101
A dieta Beverly Hills	28
A dieta chinesa	39
A dieta da batata	95
A dieta da fruta	65
A dieta da massa.	92
A dieta da Nasa	88
A dieta das alcachofras	15
A dieta diária	55
A dieta do chá vermelho	125
A dieta do dr. Atkins	22
A dieta dos grupos sanguíneos.	69
A dieta Scarsdale	108
A macrobiótica	82

 EMAGRECER

A superdieta	124
Dias alternativos	54
Dieta da Clínica Mayo	44
Dieta da couve	47
Dieta da maçã	83
Dieta da sopa	122
Dieta das 1500 calorias	32
Dieta do arroz frango e maçãs	21
Dieta ou cura das uvas	130
Dieta para do bem estar	132
Dieta Scarsdale vegetariana	110
Dietas dissociadas	56
Nada depois das 6.	118
O método de Montignac	87
O truque do sétimo dia	119
O xarope de seiva de bordo	120

Sustâncias

L-carnitina	80
O aspartame	21
O chitosan	43
O cromo e o vanádio	49
O glucomanano	68
O piruvato	103
Os antidepressivos	19

Fibras

A pectina da maçã	96
As fibras	63
As saladas	58
O farelo de cereais	107

Plantas

A aveia	25
A berinjela	27
A cavalinha	48
A centelha asiática	38
A efedra	56
A espirulina	60
A estévia	60

A garcícia cambojiana	67
A gymnema silvestre	67
A hipnose	79
A papoula da Califórnia	18
A passiflora.	94
A pavolina	96
A pilosela	102
A rainha dos prados	105
A urtiga	90
Chá de melão	86
Infusões emagrecedoras	80
Limão	81
O alcaçuz	105
O espinho alvar	59
O freixo	64
O fucus	66
O guaraná	77
O hissopo	79
O marroio	85
O peixe	101
O plantago	104
Para diminuir a barriga	94
Vinagre de cidra	131

Que evitar

A pele de frango	104
As frituras	65
As pipocas de milho	91
Evitar a solidão e o aborrecimento	121
Fome	78
Manteiga	82
Não ver televisão durante as refeições	128
O açúcar	26
O álcool	16
O aspartame	21
O jantar	37
O jejum	25
O sal	107
Os azeites.	13
Os cereais do desjejum	38
Os refrigerantes	105

EMAGRECER

Truques e conselhos para a cozinha

A gordura	68
A maionese	85
Acompanhamentos	18
Alimentos que emagrecem	17
Alimentos vivos e alimentos mortos	17
As frutas e as verduras	65
Eliminar gordura	68
Esticar os alimentos que engordam	61
O arroz	21
O peixe	101
Os cogumelos	39
Recipientes de teflon	128
Temperos de baixas calorias	107
Use a panela de pressão	90

Na mesa

A água	14
As uvas passas	91
Coma tudo o que lhe agrada	77
Comer devagar	51
Comer sentado	119
Consciência	48
Não beber enquanto se come	90
O desjejum	50
Os doces e bolos	95
Os pratos	104
Ouvir o corpo	59
Qualidade mais do que quantidade	31

Outros truques e estrategias

A hipnose	79
A visualização	131
Anotar	18
Aproveitar-se da termo gênese	129
Assistir menos televisão	127
Banho relaxante	27
Cães	100
Chiclete	39
Despir-se	51

Escadas	59
Escovar os dentes	54
O ciclismo	44
O exercício	58
O humor	80
O jogo	80
O relaxamento	104
Os aparelhos de exercício	20
Paciência	91
Pensar e atuar como «magro»	97
Suar	123
Variedade	131

Vários

A adolescência.	13
A balança	26
A estrutura óssea	62
A melhor dieta	86
Consumo diário de calorias	49
Ir ao médico	85
O riso	106
Os fatores emotivos e psicológicos	62
Os fatores socioculturais	62
Os restaurantes	106
Risco de câncer	35
Situações patológicas	96

impressão e acabamento:

Fones: (11) 3951-5240 / 3951-5188
E-Mail: expressaoearte@terra.com.br